Im Innern meiner Seele

Ich wünsche mir jemanden,
der tief in meine Seele sieht,
der versteht, was darin geschieht.
Wo ist der Jemand,
der meine Seele versteht
und trotz der dunklen Seiten
nie wieder geht?

Für  und Christian J.

Eure Inspiration ist unendlich.

Torsten Ideus

Im Innern meiner Seele

Ein Liederbuch ohne Musik

Ich kann nicht sagen, dass die Handlungen und Personen frei erfunden sind. Aber es tauchen bewusst KEINE Namen auf. Wer sich angesprochen fühlt, darf sich freuen, erwähnt zu werden. Nicht jeder kommt in den Texten gut weg, aber vielleicht regt es zum Nachdenken an.

Bibliografische Information der Deutschen Nationalbibliothek:
Die Deutsche Nationalbibliothek verzeichnet diese Publikation in der Deutschen Nationalbibliografie; detaillierte bibliografische Daten sind im Internet über http://dnb.dnb.de *abrufbar.*

© 2016 Torsten Ideus

Herstellung und Verlag: BoD – Books on Demand, Norderstedt

ISBN: 978-3-7412-7698-9

Im Innern meiner Seele

Vorwort

Diese Sammlung von Gedichten ist wohl bisher das intimste Werk, dass ich veröffentlicht habe, denn Einblicke in die eigene Seele gibt man nicht allzu leichtfertig.

Den Mut, es trotzdem zu wagen, bekam ich von meinen engsten Vertrauten. Sie sind daran gewöhnt, dass ich sie mit meinen Songtexten bombardiere. Dabei hat gerade meine beste Freundin den Anstoß zu diesem Buch gegeben. Normalerweise (und so sind auch viele dieser Texte entstanden) schreibe ich die Lieder auf englisch.

Doch nicht jeder ist so fit in dieser Sprache und so bat sie mich, für ein besseres Verständnis des Inhaltes, ein paar der Lyrics auf deutsch zu übersetzen.

Das Ergebnis überraschte uns beide zweifach: zum einen entstanden bei dem Prozess von einer Sprache in die andere komplett neue Lieder und gleichzeitig wirkten diese mit dem nun leichten Verständnis des Deutschen viel intensiver und teilweise krasser.

Daraufhin begann für mich eine neue Tradition: mit der englischen Fassung lieferte ich gleich die deutsche Version mit und mit diesem Doppelsystem entstanden im Laufe der Jahre viele Texte, von denen hier nur eine Auswahl abgedruckt wurde.

Nach einigem Hin und Her beginnt dieses Buch mit den deutschen Texten. Im Anschluss folgen die englischsprachigen. Ich habe mich für eine recht willkürliche Reihenfolge entschieden, denn das Leben und die Erfahrungen, die man darin sammelt, entstehen auch nicht immer nach einem roten Faden.

Musik wird immer in meinem Herzen sein und so werde ich stets Wege finden, damit in direkten Kontakt zu treten.
Allerdings fehlt mir leider das Talent, meine geschriebenen Worte in direkte Melodien zu übertragen. Einige Lieder basieren auf Rhythmen bekannterer Songs und könnten durchaus sofort gesungen werden.
Bei anderen warte ich noch darauf, dass sich

ein engagierter Musiker findet, der meinen Worten Leben einhaucht.

Beim Lesen (oder Singen) der Gedichte wird Euch auffallen, dass nicht alle Texte zu mir selbst passen. Das liegt daran, dass mir viel zugetragen wird – sowohl Positives als auch Negatives.

Manchmal ist es einfach leichter, als Außenstehender die Gefühle eines anderen auszudrücken und umzusetzen.

Dem einen oder anderen wird hier vielleicht zu viel gereimt. Diese Tatsache werde ich weder entschuldigen noch rechtfertigen.
Ein mancher wird Reime als niedrige Form der Lyrik sehen, doch mich amüsiert diese Art der Lyrik nun mal. Wer erkannt hat, dass sich auf Himmel leider nur Schimmel reimt, wird verstehen, dass diese Angelegenheit durchaus prekär sein kann.
Insel ist auch so ein Wort – Pinsel und Gewinsel, dann hört es auch schon auf. Damit einen Nummer-1-Hit zu schreiben, ist echt schwer.

Vielleicht kann ich Euch ja mit diesem Buch animieren, selbst mal ein Lied zu schreiben
Es ist nicht so einfach, wie es aussieht...

Torsten Ideus

Die deutschen Lieder

1000 Nadeln in meinem Herzen

Strophe 1:
Du gehst und ich kann nichts dagegen machen.
Ich vermisse schon jetzt dein herrliches Lachen.
Ich dachte, aus uns könnte etwas werden,
doch nun muss ich meine Gefühle erden.

Vielleicht war es ein Fehler,
dich so sehr in mein Leben zu lassen.
Dass du jetzt gehst,
kann ich immer noch nicht fassen,
bin noch ganz benommen.
Wie konnte es nur so weit kommen?

Refrain 1:
Wie kannst du jetzt gehen,
ohne schlechtes Gewissen?
Bleib' doch bitte stehen,
wirst du mich wenigstens vermissen?
Du warst doch alles für mich,
ich werde noch daran zerbrechen.
Wieso lässt du mich einfach im Stich?
Es fühlt sich an,
als würdest du 1000 Nadeln in mein Herz stechen

Strophe 2:

Du bist weg und ich bleibe hier zurück.
Dein Leben geht weiter und ich zerbreche Stück für Stück.
Ich kann nicht vergessen, was du mir bedeutet hast.
Doch gleichzeitig ist diese Erinnerung eine ständige Last.

Ich habe keine Tränen mehr zum Vergießen.
Mir fehlt die Kraft, das Leben zu genießen.
Was habe ich nur falsch gemacht?
Was hast du dir nur dabei gedacht?

Refrain 2:

Du bist einfach gegangen,
ohne schlechtes Gewissen.
Musstest wohl gehen,
hast dabei aber meine Seele zerrissen.
Was war ich nur für dich?
Ich bin an dir zerbrochen.
Erinnerst du dich überhaupt noch an mich?
Es fühlt sich noch immer an,
als hättest du 1000 Nadeln in mein Herz gestochen.

Das Messer

Strophe 1:
Wenn ich durch die Straßen gehe
und dabei all die Pärchen sehe,
bohrt sich mir ein Messer in mein Herz.

Wenn ich mich mit Freunden unterhalte
und bei jedem „wir" innehalte,
wird die Einsamkeit mehr und mehr zum Schmerz

Refrain:
Ich bin ein Außenstehender,
der den Weg zum Glück nicht kennt.
Alle andere werden fröhlicher
und ich bleib der, der sich verrennt.
Ich fühl mich wie ein Außerirdischer,
dem man nicht sagt, wo das Glück liegt.
Ich brauch' ja gar nicht viel,
nur jemanden, der sich an mich schmiegt.

Strophe 2:
Wenn ich dann mal shoppen gehe
und dabei sich haltende Hände sehe,
bohrt sich das Messer tiefer in mein Herz.

Wenn ich träume, ist alles gut.
Vielleicht hab ich dann auch mehr Mut
und eine Taubheit legt sich über den Schmerz.

Refrain

Bridge:
Ich brauche einen Weg aus der Dunkelheit.
Gibt es einen Weg aus der Traurigkeit?

Refrain 2:
Ich bin ein Außenstehender,
der den Weg zum Glück nicht findet.
Alle anderen werden fröhlicher
und ich bin der, der verschwindet.
Ich fühl' mich wie ein Ausgestoßener,
dem man nicht sagt, wo das Glück liegt.
Ich will doch gar nicht viel,
nur jemanden, der sich an mich schmiegt.

Outro:
Wenn ich nach Hause gehe
und ich dabei alte Pärchen sehe,
durchsticht das Messer mein sehnsuchtsvolles Herz.

Wenn ich dann die Wohnungstür schließe
und einsam die Blumen gieße,
suhle ich mich tiefer hinein in meinen Schmerz.

Der erste Tag ohne dich

Strophe 1:
Ich hatte es schon geahnt,
dass du nicht mehr das Gleiche fühlst.
Ich hatte schon gedacht,
dass du mich einfach so verlässt.

Doch du bist stets bei mir geblieben,
hast mich in Sicherheit gewähnt.
Ich werd' dich immer lieben,
habe ich deswegen häufiger erwähnt.

Strophe 2:
Deshalb war ich gewarnt,
als ich dich mit den Koffern sah.
Ich hätte fast gelacht,
doch dein Blick war so furchtbar starr.

Was hat dich nur vertrieben?
Lass mir wenigstens ein Rettungsseil.
Ich werd' dich immer lieben,
aber das ist auch egal, weil:

Refrain:
Heute ist der Tag,
an dem meine Welt untergeht.
Heute ist der Tag,
an dem die Welt sich nicht mehr dreht.
Heute ist der Tag,
der erste ohne dich.

Strophe 3:

Ich hab' mich nie gefragt,
ob du mit mir richtig glücklich bist.
Was hab' ich schon gemacht,
um dich im Arm zu halten?
Wieso bist du nur geblieben?
Du hattest keinen Grund.
Ich werd' dich immer lieben,
jetzt steh' ich direkt vor dem Abgrund.

Refrain 2x

Heute ist der Tag,
an dem meine Welt untergeht.
Heute ist der Tag,
an dem die Welt sich nicht mehr dreht.
Heute ist der Tag,
der erste ohne dich.

Heute ist der Tag,
an dem meine Welt untergeht.
Heute ist der Tag,
an dem die Welt sich nicht mehr dreht.
Heute ist der Tag,
der erste ohne dich.

Der traurigste Tag

Strophe 1:
Die Sonne geht unter und ich mit ihr,
mein Herz vergisst zu schlagen.
Unsre Liebe ist vorbei und ich bleib hier,
den Schmerz muss ich allein ertragen.

Strophe 2:
Die Nacht bricht an und ich verlier'
den Verstand, will nichts Neues wagen.
Meine Tränen versiegen nicht wegen dir,
aber das muss ich dir nicht noch sagen.

Pre-Chorus:
Es interessiert dich nicht,
ist dir nicht wichtig.
Nichts an diesem Albtraum ist hier richtig.

Refrain:
Das ist der traurigste Tag in meinem Leben.
Ich spüre, dass die Dunkelheit nach mir sucht
und böse Gedanken in mir stärker werden.
Das ist der traurigste Tag in meinem Leben.
Ich höre, dass die Dunkelheit nach mir ruft
und böse Gedanken in mir lauter werden.
Das ist der traurigste Tag in meinem Leben.

Strophe 3:
Der Morgen wird kommen, aber ohne dich.
Wie soll ich das nur ertragen?
Du bist gegangen und dachtest nicht an mich.
Ich habe dir nichts mehr zu sagen.

Pre-Chrous:
Es interessiert dich nicht,
ist dir nicht wichtig.
Nichts an diesem Albtraum ist hier richtig.

Refrain 2x:
Das ist der traurigste Tag in meinem Leben.
Ich spüre, dass die Dunkelheit nach mir sucht
und böse Gedanken in mir stärker werden.
Das ist der traurigste Tag in meinem Leben.
Ich höre, dass die Dunkelheit nach mir ruft
und böse Gedanken in mir lauter werden.
Das ist der traurigste Tag in meinem Leben.

Das ist der traurigste Tag in meinem Leben.
Ich spüre, dass die Dunkelheit nach mir sucht
und böse Gedanken in mir stärker werden.
Das ist der traurigste Tag in meinem Leben.
Ich höre, dass die Dunkelheit nach mir ruft
und böse Gedanken in mir lauter werden.
Das ist der traurigste Tag in meinem Leben.

Outro:
Es wäre so einfach,
sich der Dunkelheit zu ergeben.
Es wäre so einfach,
den bösen Gedanken nachzugeben.
Das ist der traurigste Tag in meinem Leben.

Ich weiß

Strophe 1:
Es ist so schwer, nicht an dich zu denken.
Es ist so schwer, dir zu widerstehen.
Anfangs musste ich immer den Blick senken,
doch jetzt will ich dir in die Augen sehen.

Pre-Chorus:
Es gibt an dir noch so viel zu entdecken.
Du brauchst dich nun wirklich nicht verstecken.

Refrain:
Ich weiß, dass du mich magst,
weil dein Körper anders reagiert als du willst.
Ich weiß, dass du was anderes sagst,
aber ich sehe, wie deine Eismauer schmilzt.
Wenn du es nur endlich wagst,
denn dein Herz weiß genau, was du willst.
Ich weiß, dass du mich magst,
weil du meine Sehnsucht stillst.

Strophe 2:
Es ist so schwer, neben dir entspannt zu sein.
Es ist so schwer, dich nicht zu berühren.
Würde ich dich fragen, wäre deine Antwort „nein"
und trotzdem würde ich dich am liebsten verführen.

Pre-Chorus:
Es gibt an dir noch so viel zu entdecken.
Du brauchst dich nun wirklich nicht
verstecken.

Refrain:
Ich weiß, dass du mich magst,
weil dein Körper anders reagiert als du willst.
Ich weiß, dass du was anderes sagst,
aber ich sehe, wie deine Eismauer schmilzt.
Wenn du es nur endlich wagst,
denn dein Herz weiß genau, was du willst.
Ich weiß, dass du mich magst,
weil du meine Sehnsucht stillst.

Bridge:
Mache ruhig so weiter mit deiner Masche,
ich weiß, was hier wirklich passiert.
Lüge dir nur ruhig weiter in die Tasche,
du bist der, der hier verliert.

Refrain

Outro:
Ich weiß, dass du mich magst,
aber mach' ruhig so weiter mit der Masche.
Ich weiß, dass du mich magst,
lüg' dir ruhig weiter in die Tasche,
meine Sehnsucht bleibt ungestillt.

Hier kann keine Liebe sein

Strophe 1:
Da ist ein Loch in meinem Herzen,
wo meine Seele zu Hause war.
Ich bin traurig, denn in meinem Herzen
ist das gefrierende Wasser kristallklar.

Das Loch füllt sich mit steinhartem Eis,
die Tränen verwandeln sich in Pulverschnee.
Meine Sehnsucht dreht sich orientierungslos in Kreis.

Refrain:
Hier kann keine Liebe sein,
weil hier nichts überlebt.
Hier kann keine Liebe bleiben,
weil darunter kein Vulkan bebt.
Dieser Ort ist nicht für Liebe gemacht,
hier wurde noch kein Feuer entfacht.
Hier kann keine Liebe sein,
weil hier nichts nach Wärme strebt.

Strophe 2:
Zwar wurde schon häufiger versucht,
das ewige Eis aufzutauen.
Doch noch jedem kläglichen Versuch
sind sie alle einfach abgehauen.

Ich denke, das Eis bleibt für immer,
auch wenn ich wünschte, es würde anders sein.
Vielleicht gibt es ja noch einen Hoffnungsschimmer.

Refrain:
Hier kann keine Liebe sein,
weil hier nichts überlebt.
Hier kann keine Liebe bleiben,
weil darunter kein Vulkan bebt.
Dieser Ort ist nicht für Liebe gemacht,
hier wurde noch kein Feuer entfacht.
Hier kann keine Liebe sein,
weil hier nichts nach Wärme strebt.

Bridge:
Wo ist dieser Eine, der mich berührt?
Wo ist dieser Eine, der das Feuer schürt?
Wo ist der Eine, der das Eis verführt?
Ich weiß, dass es hier frostig ist.
Doch wenn du der Eine bist,
dann brauchst du keine List!

Refrain 2x

Outro:
Da ist ein Loch in meinem Herzen,
gefüllt mit steinhartem Eis.
Schnapp dir tausend Kerzen
und beende diesen Teufelskreis.

Hör einfach auf

Strophe 1:
Wann war das letzte Mal,
dass ich mich auf dich verlassen konnte?
Wann war das letzte Mal,
dass ein Wort aus deinem Munde wahr war?
Wann fängst du endlich an,
das Leben ernst zu nehmen?
Die Zeit ist viel zu kostbar.

Refrain 1:
Hör doch auf mit den ewigen Spielchen.
Du verlierst sowieso.
Verlasse doch endlich dieses Flittchen.
Du musst dich entscheiden.
Du kannst uns nicht beide haben,
das ist unmöglich.
Du kannst nicht alles haben,
das ist unmöglich.
Hör doch auf mit dem Missbrauch,
ich brauche keine blauen Flecken mehr.
Hör doch einfach auf mit den Spielchen.

Strophe 2:
Wann war das letzte Mal,
dass ein Gespräch nicht im Streit endete?
Wann war das letzte Mal,
dass du mich richtig fest gehalten hast?
Wann fängst du endlich an,
die Wahrheit zu sehen?
Siehst du nicht diese schwere Last?

Im Innern meiner Seele

Refrain 1:
Hör doch auf mit den ewigen Spielchen.
Du verlierst sowieso.
Verlasse doch endlich dieses Flittchen.
Du musst dich entscheiden.
Du kannst uns nicht beide haben,
das ist unmöglich.
Du kannst nicht alles haben,
das ist unmöglich.
Hör doch auf mit dem Missbrauch,
ich brauche keine blauen Flecken mehr.
Hör doch einfach auf mit den Spielchen.

Bridge:
Bist du nicht dieser Spielchen müde?
Hast du keine Angst, alles zu verlieren?

Refrain 2:
Hör doch auf mit den ewigen Spielchen.
Du verlierst sowieso.
Was willst du überhaupt mit diesem Flittchen?
Du musst dich entscheiden.
Mein Vertrauen hast du bereits verloren,
das ist nicht verhandelbar.
Du kannst nicht alles haben,
das ist nicht verhandelbar.
Hör doch auf mit dem Missbrauch,
bitte, ich brauche dich doch auch!
Hör doch einfach auf, auf auf.
Hör doch einfach auf, auf auf.

Im Innern meiner Seele

Hülle

Strophe 1:
In meiner Seele ist ein Loch voller Finsternis.
In meinem Gehirn schlägt eine Ader voller Tränen.
Mein Herz braucht Erholung von deinem Schmerz

Bridge:
Wie kann ich je wieder ich selbst sein,
nach dem, was du mir angetan hast.
Du hast mich nur benutzt, ich fiel auf dich herein.
Ich übersah deine Grausamkeit.

Refrain:
Ich bin nur eine Hülle,
kurz davor, sich aufzulösen.
Ich werde zu einem Schatten,
verloren in meiner Angst.
Meine glücklichen Tage sind vorbei,
selbst Felder voll Kleeblätter sind mir jetzt einerlei.
Ich bin nur ein Körper,
kurz davor, sich aufzulösen.

Strophe 2:
Mein Verstand hält meine innere Leere lebendig.
Auf meiner Haut fühle ich deine Sünde.
Meine Augen sehen all die Lügen, dich mich aufsaugen.

Bridge:
Wie kann ich je wieder ich selbst sein,
nach dem, was du mir angetan hast.
Du hast mich nur benutzt, ich fiel auf dich herein.
Ich übersah deine Grausamkeit.

Refrain 2x:
Ich bin nur eine Hülle,
kurz davor, sich aufzulösen.
Ich werde zu einem Schatten,
verloren in meiner Angst.
Meine glücklichen Tage sind vorbei,
selbst Felder voll Kleeblätter sind mir jetzt einerlei.
Ich bin nur ein Körper,
kurz davor, sich aufzulösen.

Ich bin nur eine Hülle,
kurz davor, sich aufzulösen.
Ich werde zu einem Schatten,
verloren in meiner Angst.
Meine glücklichen Tage sind vorbei,
selbst Felder voll Kleeblätter sind mir jetzt einerlei.
Ich bin nur ein Körper,
kurz davor, sich aufzulösen.

Im Innern meiner Seele

Strophe 1:
Ich wollt' dir noch so vieles sagen,
noch so viele Dinge fragen.
Wir wollten so viel erleben,
uns über die ganze Welt erheben.

Wir waren zwei wie Pech und Schwefel,
schon das Wort 'Trennung' war uns ein Frevel,
doch nun erkenn' ich dich nicht mehr,
denn deine Augen sind leer.

Refrain:
Dieser Unfall hat dich mir weggenommen,
ich werd' dich niemals wiederbekommen.
Ich muss jetzt allein durch's Leben gehen,
werd' dich niemals wiedersehen.

Doch tief im Innern bist du noch bei mir,
tief im Innern meiner Seele.

Strophe 2:
Ich habe immer einen Freund gesucht wie dich
und auf einmal warst du da wie ein strahlendes Licht.
Das Schicksal hat dich zu mir geführt,
das hab ich damals schon gespürt.

Jeder Tag ohne dich wirkt unnütz und leer,
manchmal fällt mir sogar das Atmen schwer.
Es wird noch eine lange Zeit dauern,
bis ich aufhören kann zu trauern.

Refrain:
Dieser Unfall hat dich mir weggenommen,
ich werd' dich niemals wiederbekommen.
Ich muss jetzt allein durch's Leben gehen,
werd' dich niemals wiedersehen.

Doch tief im Innern bist du noch bei mir,
tief im Innern meiner Seele.

Bridge:
Ich werde dich niemals vergessen,
keiner kann sich an dir messen.
Du bist tief in meinem Herzen
und dass du dort bist, lindert meine Schmerzen.

Refrain:
Dieser Unfall hat dich mir weggenommen,
ich werd' dich niemals wiederbekommen.
Ich muss jetzt allein durch's Leben gehen,
werd' dich niemals wiedersehen.

Doch tief im Innern bist du noch bei mir,
tief im Innern meiner Seele.

Schlacht

Strophe 1:
Du stehst so weit weg
und es fühlt sich an,
als wärst du direkt neben mir.
Obwohl der Raum überfüllt ist,
bist du einzige, den ich sehe.

Mein Herz will dir in die Arme rennen,
aber mein Verstand ist zu ängstlich dafür.
Anscheinend denkst du ähnlich,
obwohl ich nicht weiß warum.

Pre-Chorus:
Kann es sein, dass Liebe nicht ausreicht,
wenn die Umstände nicht stimmen?
Kann es sein, dass Liebe nicht ausreicht,
wenn dir die Kraft zum Kämpfen fehlt?

Refrain:
Die Romantik hat das Gebäude verlassen,
aber ich hoffe, sie kommt zurück.
Die Verteidigung ist dafür eingezogen
und ich hoffe, dass du mich angreifst.
Wenn Liebe meint, dass wir in die Schlacht ziehen müssen,
damit es für uns ein Happy end gibt,
bin ich bereit.

Strophe 2:
Wir stehen Kopf an Kopf
und es fühlt sich an,
als könntest du nicht weiter weg sein.
Obwohl hier nur du und ich sind,
weiß ich nicht, ob ich bleiben möchte.

Mein Herz schlug noch nie so schnell,
aber mein Verstand übernimmt die Kontrolle.
Anscheinend denkst du ähnlich
und ich hoffe, es ist noch nicht zu spät.

Refrain:
Die Romantik hat das Gebäude verlassen,
aber ich hoffe, sie kommt zurück.
Die Verteidigung ist dafür eingezogen
und ich hoffe, dass du mich angreifst.
Wenn Liebe meint, dass wir in die Schlacht ziehen müssen,
damit es für uns ein Happy end gibt,
bin ich bereit.

Pre-Chorus = Outro:
Kann es sein, dass Liebe nicht ausreicht,
wenn die Umstände nicht stimmen?
Kann es sein, dass Liebe nicht ausreicht,
wenn dir die Kraft zum Kämpfen fehlt?

Sein Regenbogen

Strophe 1:
Ich weiß,
es ist so schwer,
Gefühle zuzulassen.
Dein Herz,
es ist nicht leer.
Es wäre leichter, ihn zu hassen.

Pre-Chorus:
Was vergangen ist, ist vergangen
und der Schmerz wird verblassen.
Um diese Liebe musst du nicht bangen,
er wird dich nicht verlassen.

Refrain:
Denn du bist sein Regenbogen,
dein Herz aus Gold hält ihn am Leben.
Deine Farben sind ausgewogen
und lassen ihn auf Wolken schweben.
Denn du bist sein Regenbogen,
eine Mischung aus Sonne und Regen.
Hast ihn noch niemals angelogen,
denn seine Liebe ist ein Segen.

Strophe 2:
Ich weiß,
du willst nicht mehr
sofort Gefühle zeigen.
Dein Glanz
schimmert zu sehr,
um darauf nicht einzusteigen.

Pre-Chorus:
Was vergangen ist, ist vergangen
und der Schmerz wird verblassen.
Um diese Liebe musst du nicht bangen,
er wird dich nicht verlassen.

Refrain:
Denn du bist sein Regenbogen,
dein Herz aus Gold hält ihn am Leben.
Deine Farben sind ausgewogen
und lassen ihn auf Wolken schweben.
Denn du bist sein Regenbogen,
eine Mischung aus Sonne und Regen.
Hast ihn noch niemals angelogen,
denn seine Liebe ist ein Segen.

Bridge:
Dein Zögern hilft dir nicht,
dein eisiges Herz versperrt dir die Sicht.
Er ist doch so darauf erpicht!

Refrain 2x

Outro:
Gefühle zuzulassen,
es wäre leichter, ihn zu hassen.
Es ist doch nicht zu fassen,
muss er dich denn erst verlassen?

Warum kann ich nicht vergessen?

Strophe 1:
Ich fürchte, mein Leben wird so weitergehen.
Kein Licht in meiner dunkelsten Stunde.
Ich vermisse deinen Kuss.
Ich erinnere mich an unsere letzte Nacht mit Verdruss

Refrain:
Warum kann ich nicht vergessen,
was gut war zwischen uns
und ignoriere die Zeit,
in denen du wütend warst?
Warum kann ich nicht vergessen,
wie es früher war
und ignoriere den Fakt,
das du mich so vielfältig verletzt hast?
Ich werde deine Augen, Lippen, dein Lächeln vergessen,
aber das wird noch etwas dauern.

Strophe 2:
Die Sterne verraten mir, wie Leben sein könnte.
Sie strahlen so hell,
dass ich mein wahres Ich in ihnen entdecken kann.
Die Wahrheit schlägt mich in seinen Bann.

Refrain:
Warum kann ich nicht vergessen,
was gut war zwischen uns
und ignoriere die Zeit,
in denen du wütend warst?
Warum kann ich nicht vergessen,
wie es früher war
und ignoriere den Fakt,
das du mich so vielfältig verletzt hast?
Ich werde deine Augen, Lippen, dein Lächeln vergessen,
aber das wird noch etwas dauern.

Bridge:
Aber wie lang wird es dauern?
Wie viele Opfer muss ich noch bringen?
Manchmal fühle ich mich, als wäre ich gar nicht wach.
Dieser laufende Albtraum macht mich schwach.

Refrain
Warum kann ich nicht vergessen,
was gut war zwischen uns
und ignoriere die Zeit,
in denen du wütend warst?
Warum kann ich nicht vergessen,
wie es früher war
und ignoriere den Fakt,
das du mich so vielfältig verletzt hast?
Ich werde deine Augen, Lippen, dein Lächeln vergessen,
aber das wird noch etwas dauern.

Wenn ich weg bin

Strophe 1:
Mein Herz blutet und es will nicht heilen.
Es scheint fast, als würdest du dich daran aufgeiler.
Mach so weiter, dann wird morgen alles vorbei sein.
Auch wenn du es nicht verstehst, bin ich nicht mehr dein.

Refrain:
Wenn ich weg bin,
wirst du verstehen,
dass ich gewonnen hab.
Ich werde meine Ruhe finden.
Wenn ich weg bin,
wirst du erst verstehen,
wie viel Liebe ich dir gab.
Ich werde jetzt entschwinden.

Strophe 2:
Mein Geist ist gebrochen und heilt nicht mehr.
Es scheint fast, als gefiele dir das sehr.
All die bösen Wörter werde ich ab morgen vergessen.
Auch wenn du es nicht glaubst,
wirst du mich dann nicht mehr stressen.

Refrain:
Wenn ich weg bin,
wirst du verstehen,
dass ich gewonnen hab.
Ich werde meine Ruhe finden.
Wenn ich weg bin,
wirst du erst verstehen,
wie viel Liebe ich dir gab.
Ich werde jetzt entschwinden.

Bridge:
Die Angst hielt mich immer zurück,
hielt mich ab von meinem Glück.
Diese Macht nehme ich dir jetzt,
wir haben uns heute zum letzten Mal gefetzt.

Refrain:
Wenn ich weg bin,
wirst du verstehen,
dass ich gewonnen hab.
Ich werde meine Ruhe finden.
Wenn ich weg bin,
wirst du erst verstehen,
wie viel Liebe ich dir gab.
Ich werde jetzt entschwinden.

Outro:
Meine Seele ist bereit, aufzusteigen.
Ich werde jetzt für immer schweigen.

Wo ist das Glitzern?

Intro:
Ich weiß nicht mehr, wer ich bin.

Strophe 1:
In einem langen Prozess hab ich mich selbst verloren.
Bin als etwas Fremdes wiedergeboren.
Aber bin ich noch für etwas auserkoren?
Oder sind meine Lebenssäfte längst vergoren?

Pre-Chorus 1:
Ich erkenne mein Spiegelbild nicht wieder.
Wer ist die Person, die mich dort anstarrt?
Ich war doch früher nicht so bieder.
Die Gesichtszüge sind so schrecklich hart.

Refrain:
Wo ist das Glitzern in meinen Augen?
Meine Aura strahlt nicht mehr.
Irgendwas scheint meine Freude aufzusaugen.
Mein Mut-Vorrat ist völlig leer.
Ich muss mich selbst wiederfinden.
Hoffentlich finde ich dabei sogar dich.
Darf mich nicht mit dem Jetzt-Zustand abfinden,
dann finde ich vielleicht sogar dich.

Strophe 2:
In diesem langen Prozess hat mich der Erfolg verlassen.
Hab vergessen, mich mit mir selbst zu befassen.
Habe ich schon angefangen, mich zu hassen?
Ich sollte aufhören, mein Leben zu verpassen.

Pre-Chorus 2:
Ich erkenne mein Spiegelbild nicht wieder.
Wer ist die Person, die mich so schlecht kopiert?
Wenn sie so weitermacht, schlag ich sie nieder.
Mal sehen, wer dabei den Kampf verliert.

Refrain:
Wo ist das Glitzern in meinen Augen?
Meine Aura strahlt nicht mehr.
Irgendwas scheint meine Freude aufzusaugen.
Mein Mut-Vorrat ist völlig leer.
Ich muss mich selbst wiederfinden.
Hoffentlich finde ich dabei sogar dich.
Darf mich nicht mit dem Jetzt-Zustand abfinden,
dann finde ich vielleicht sogar dich.

Bridge:
Ich will mein Charisma zurück.
Doch dazu muss ich meine Schwächen akzeptieren.
Vielleicht brauche ich nur ein wenig Glück
und muss mich auf mein Selbstwertgefühl
konzentrieren.

Pre-Chorus 2

Refrain

Pre-Chorus 1 = Outro:
Ich erkenne mein Spiegelbild nicht wieder.
Wer ist die Person, die mich dort anstarrt?
Ich war doch früher nicht so bieder.
Die Gesichtszüge sind so schrecklich hart.

Voller Magie

Strophe 1:
Deine Augen sind mysteriöse Flammen,
umrahmt von einem schönen Gesicht.
Von welchem Planeten sie auch stammen,
von der Erde sind sie jedenfalls nicht.

Dein Lächeln geht mir unter die Haut
und gibt mir unendlich viel Kraft.
Du hast bereits in mein Innerstes geschaut
und das hat vorher noch keiner geschafft.

Refrain:
Ich werde es endlich wagen,
ganz egal, was dann passiert.
Ich werde dir jetzt sagen,
dass mein Herz nach dir giert.
Ti amo, cherie,
denn du bist voller Magie.

Strophe 2:
Deinen Körper konnte ich einfach nur betrachten,
verzichte sogar auf den Körperkontakt.
Ich liebe es, bei dir zu übernachten,
in deinen Armen liege ich am liebsten nackt.

Deine Hände gleiten über meine Haut
und geben mir unendlich viel Kraft.
Deine Liebe hat mich wieder aufgebaut.
Wie hast du das nur geschafft?

Refrain:
Ich werde es endlich wagen,
ganz egal, was dann passiert.
Ich werde dir jetzt sagen,
dass mein Herz nach dir giert.
Ti amo, cherie,
denn du bist voller Magie.

Bridge:
Ti amo, cherie.
Ich hätt' dir das längst sagen sollen.
Ti amo, cherie.
Ich hätt' dir das längst sagen wollen.
Und jetzt hab' ich endlich die Energie:
Ti amo, cherie!

Refrain 2x:
Ich werde es endlich wagen,
ganz egal, was dann passiert.
Ich werde dir jetzt sagen,
dass mein Herz nach dir giert.
Ti amo, cherie,
denn du bist voller Magie.

Ich werde es endlich wagen,
ganz egal, was dann passiert.
Ich werde dir jetzt sagen,
dass mein Herz nach dir giert.
Ti amo, cherie,
denn du bist voller Magie.

Vernichtet

Strophe 1:
Du liegst im Wohnzimmer
und fühlst immer noch die Schläge.
Er steht da ohne Schimmer,
als wenn das alles an dir läge.

Du würdest gerne was sagen,
aber wer weiß, was er dann anstellt.
Er darf das nicht noch einmal wagen,
weil deine Seele das nicht aushält.

Refrain:
Er vernichtet jedes bisschen Glück.
Er vernichtet dein Temperament.
Er zerbricht dich Stück für Stück,
bis selbst dein Spiegelbild dich nicht mehr erkennt
Nicht mehr lange und du verlierst den Verstand,
steckst den Kopf noch tiefer in den Sand.
Denn er vernichtet alles, was dich ausmacht.
Alles, was dich ausmacht.

Strophe 2:
Du versuchst zu verstehen,
warum um dich herum alles zerfällt.
Warum lässt er dich nicht gehen?
Es geht ja nicht einmal um Geld.

Er weiß ja selbst nicht, was er tut,
doch damit aufhören kann er nicht.
Was bleibt, ist nur die Wut,
weil deine Welt zusammenbricht.

Refrain:
Er vernichtet jedes bisschen Glück.
Er vernichtet dein Temperament.
Er zerbricht dich Stück für Stück,
bis selbst dein Spiegelbild dich nicht mehr erkennt.
Nicht mehr lange und du verlierst den Verstand,
steckst den Kopf noch tiefer in den Sand.
Denn er vernichtet alles, was dich ausmacht.
Alles, was dich ausmacht.

Bridge:
Angst hat die Kontrolle übernommen
und hat dir deinen Willen genommen.
Aber du kannst dagegen angehen,
du musst jetzt wieder aufstehen,
sonst bleibt die Angst in deinem Leben
und es kann nichts Schlimmeres geben.

Refrain

Outro:
Er vernichtet jedes bisschen Glück.
Er vernichtet dein Temperament.
Denn er vernichtet alles, was dich ausmacht.
Alles, was dich ausmacht.

Mein Leben macht Sinn

Strophe 1:
Ich hab' immer zu euch hochgeschaut
und wurde doch nie wahrgenommen.
Ich hab mich so viele Sachen getraut,
und doch ist es immer anders gekommen.

So lange Zeit galt ich als schwarzes Schaf
und meine Fähigkeiten wurden tot geschwiegen.
Ich gebe zu, ich war nie brav
und wollte mich niemals verbiegen.

Refrain:
Nun habt ihr begriffen,
dass eure Erziehung gut war.
Nun wisst ihr endlich,
dass ich angekommen bin.
Nun habt ihr verstanden,
dass mir das Leben entgegen lacht.
Jetzt versteht ihr endlich,
mein Leben macht schon Sinn.

Strophe 2:
Erst jetzt glaubt ihr an mich,
ich hab' kaum noch dran geglaubt.
Kritik von euch versetzt mir einen Stich,
aber eure Antworten sind nicht verstaubt.

Ich verdiene nicht das große Geld,
die Not der Menschen liegt mir am Herzen.
Ich werde niemals ein großer Held,
ich tilge nur mögliche Schmerzen.

Refrain 2x:
Nun habt ihr begriffen,
dass eure Erziehung gut war.
Nun wisst ihr endlich,
dass ich angekommen bin.
Nun habt ihr verstanden,
dass mir das Leben entgegen lacht.
Jetzt versteht ihr endlich,
mein Leben macht schon Sinn.

Nun habt ihr begriffen,
dass eure Erziehung gut war.
Nun wisst ihr endlich,
dass ich angekommen bin.
Nun habt ihr verstanden,
dass mir das Leben entgegen lacht.
Jetzt versteht ihr endlich,
mein Leben macht schon Sinn.

Mein Käfig

Strophe 1:
Die Wände kommen immer näher
und ich bin in meinem Schicksal gefangen.
Die Dunkelheit sendet ihre Späher
und dringt lautlos durch die Gitterstangen.

Refrain:
Mein Käfig hält mich fest,
die Tür ist fest verschlossen.
Ich darf nicht hinaus wie der Rest,
das hast du so beschlossen.
Du versuchst, mein Temperament zu dämpfen,
und hast mein Leiden mehr als einmal genossen.
Ich kann nicht mehr kämpfen,
zu viele Tränen sind bereits geflossen.

Strophe 2:
Die Decke senkt sich auf mich herab
und macht den Raum noch viel enger.
Es fühlt sich langsam an wie ein Grab
und ich bin mein eigener Abschiedssänger.

Refrain:
Mein Käfig hält mich fest,
die Tür ist fest verschlossen.
Ich darf nicht hinaus wie der Rest,
das hast du so beschlossen.
Du versuchst, mein Temperament zu dämpfen,
und hast mein Leiden mehr als einmal genossen.
Ich kann nicht mehr kämpfen,
zu viele Tränen sind bereits geflossen.

Im Innern meiner Seele

Bridge:
Du hast meine Angst ausgenutzt
und mir einfach die Flügel gestutzt.
Jetzt kannst du mich zwar jederzeit betrachten,
aber ich werde dich dafür auf ewig verachten.

Refrain:
Mein Käfig hält mich fest,
die Tür ist fest verschlossen.
Ich darf nicht hinaus wie der Rest,
das hast du so beschlossen.
Du versuchst, mein Temperament zu dämpfen,
und hast mein Leiden mehr als einmal genossen.
Ich kann nicht mehr kämpfen,
zu viele Tränen sind bereits geflossen.

Outro:
Was nützt dir dieser Käfig hier?
Ich war noch nie so weit von dir entfernt.
Du hast mich eingesperrt wie ein Tier.
Hast du aus deinen Fehlern immer noch nichts gelernt?

Keine Spur

Strophe 1:
Der Himmel ist grau
und ich suche das Licht.
Früher war er noch blau,
doch egal, wohin ich schau,
ich find' es einfach nicht.

Pre-Chorus 1:
Das Licht find' ich nur in der Nacht,
wenn die Sterne am Himmel stehen.
Dann wird meine Sehnsucht entfacht
und mein Feuer erwacht.
Alles fängt an, sich zu drehen.

Refrain:
Ich such' nach Dir.
Wo bist du nur?
Ich such' schon lang,
aber bisher gibt es noch keine Spur.
Mein Herz ist leer,
es sucht Liebe pur.
Es schmerzt so sehr,
dann von dir gibt's noch keine Spur.

Strophe 2:
Ich war schon überall,
aber ich find' dich nicht.
Ich suche mit Überschall,
riskier' sogar den freien Fall,
doch du bleibst außer Sicht.

Pre-Chorus 2:
Ich hab schon lang nicht mehr gelacht,
weil die Sterne verschwunden sind.
Bisher hat alles nichts gebracht,
mein Feuer ausgemacht,
ob ich Dich jemals find?

Refrain 2x:
Ich such' nach Dir.
Wo bist du nur?
Ich such' schon lang,
aber bisher gibt es noch keine Spur.
Mein Herz ist leer,
es sucht Liebe pur.
Es schmerzt so sehr,
dann von dir gibt's noch keine Spur.

Ich such' nach Dir.
Wo bist du nur?
Ich such' schon lang,
aber bisher gibt es noch keine Spur.
Mein Herz ist leer,
es sucht Liebe pur.
Es schmerzt so sehr,
dann von dir gibt's noch keine Spur.

Coda:
Wo bist Du nur?
Mein Herz ist leer.
Wo bist Du nur?
Es schmerzt so sehr.
Ich such' nach Dir,
ich such' schon lang,
aber von Dir gibt's einfach keine Spur.

Ich will nur Freude

Strophe 1:
Musik lag mir immer schon am Herzen,
doch ich hab mich nicht getraut,
meine inneren Schmerzen
mit einem Instrument auszudrücken.

Musik drückt aus, was mir auf der Seele liegt
vieles hat sich dort angestaut
und ist noch nicht besiegt,
es liegt noch immer auf meinem Rücken.

Bridge 1:
Ich suche nach dem Weg, die Probleme zu bekämpfen.
Es ist egal, wohin ich sie leg,
sie lassen sich nicht dämpfen.

Refrain:
Wo ist der Nebel,
der alles Negative bedeckt?
Wo ist der Hebel,
der das Positive aufweckt?
Ich brauch keinen Knebel,
der tief in meinem Rachen steckt.
Ich will nur Freude,
die sich hoch in den Himmel reckt.

Strophe 2:
Ich brauch mehr als 1000 Kerzen,
damit ich mich endlich trau',
meine Fehler auszumerzen,
um meine Gefühle auszudrücken.

Ich hoffe sehr, mein Wille siegt,
lässt mein Ziel nicht im Stau,
damit er sich an meine Seite schmiegt,
denn das würde mich entzücken.

Bridge 2:
Zeig mir den Weg, die Probleme zu bekämpfen.
Zeit mir den Steg, der mit hilft,
sie einzudämpfen.

Refrain 2x:
Wo ist der Nebel,
der alles Negative bedeckt?
Wo ist der Hebel,
der das Positive aufweckt?
Ich brauch keinen Knebel,
der tief in meinem Rachen steckt.
Ich will nur Freude,
die sich hoch in den Himmel reckt.

Wo ist der Nebel,
der alles Negative bedeckt?
Wo ist der Hebel,
der das Positive aufweckt?
Ich brauch keinen Knebel,
der tief in meinem Rachen steckt.
Ich will nur Freude,
die sich hoch in den Himmel reckt.

Hör nicht auf deine innere Stimme

Strophe 1:
Ich kann dir nicht widerstehen,
aber ich kann dir nicht glauben.
Ich möchte dich lieben,
aber ich kann dir nicht vertrauen.

Wieso kannst du nicht wieder
der Mann sein, der du warst?
Wieso kannst du nicht sehen,
dass ich dein Schicksal bin?

Refrain:
Hör nicht auf deine innere Stimme,
die dir sagt, ich läge falsch.
Bitte, lass mich dir helfen,
du gehörst an meine Seite.

Hör nicht auf deine innere Stimme,
die dir sagt, du wärst falsch.
Bitte, lass mich dir helfen,
es gibt noch eine andere Seite.

Strophe 2:
Ich würde dich vermissen,
aber ich kann nicht bei dir bleiben.
Ich hab versucht, dich zu erreichen,
aber du verschließt dich zu sehr.

Warum kannst du nicht versuchen,
ein besserer Mann zu sein?
Warum kannst du nicht erkennen,
dass ich bin, was du brauchst?

Im Innern meiner Seele

Refrain:
Hör nicht auf deine innere Stimme,
die dir sagt, ich läge falsch.
Bitte, lass mich dir helfen,
du gehörst an meine Seite.

Hör nicht auf deine innere Stimme,
die dir sagt, du wärst falsch.
Bitte, lass mich dir helfen,
es gibt noch eine andere Seite.

Bridge:
Wer hat dir gesagt, dass du gemein sein musst?
Wer hat dir gesagt, dass du stark sein musst?
Ich möchte, dass du sauber bleibst.
Ich will, dass du am Leben bleibst.

Refrain:
Hör nicht auf deine innere Stimme,
die dir sagt, ich läge falsch.
Bitte, lass mich dir helfen,
du gehörst an meine Seite.

Hör nicht auf deine innere Stimme,
die dir sagt, du wärst falsch.
Bitte, lass mich dir helfen,
es gibt noch eine andere Seite.

Coda:
Hör nicht auf deine innere Stimme.
Bitte, lass mich dir helfen.

Geh' doch zum Teufel

Strophe 1:
Ich vermisse dich schon jetzt,
obwohl du noch gar nicht gegangen bist.
Es ist nur eine Frage der Zeit
und ich weiß schon jetzt, dass du mich nicht vermisst.

Ich kann nicht verhindern,
dass du dir 'nen andren suchst.
Den Schmerz kann ich nicht lindern,
dann geh' doch lieber gleich!

Refrain 1:
Geh' doch zum Teufel,
aber vergiss mich nicht.
Viel Spaß in der Hölle,
du kleiner Wicht.
Viel Spaß in den Flammen,
kein Ende ist in Sicht.
Geh' doch zum Teufel,
du verdienst mich nicht!

Strophe 2:
Nun willst du nicht mehr gehen,
anscheinend liebst du mich noch.
Ich kann dich nicht mehr sehen,
du Riesen-Arschloch!

Jedes Wort von dir ist Gift,
ich glaube dir nicht mehr.
Du warst für mich das Glück,
doch ich liebe dich nicht mehr!

Refrain 1 (2x):
Geh' doch zum Teufel,
aber vergiss mich nicht.
Viel Spaß in der Hölle,
du kleiner Wicht.
Viel Spaß in den Flammen,
kein Ende ist in Sicht.
Geh' doch zum Teufel,
du verdienst mich nicht!

Geh' doch zum Teufel,
aber vergiss mich nicht.
Viel Spaß in der Hölle,
du kleiner Wicht.
Viel Spaß in den Flammen,
kein Ende ist in Sicht.
Geh' doch zum Teufel,
du verdienst mich nicht!

Bridge:
Vielleicht schon morgen
bin ich für was Neues bereit.
Ganz ohne Sorgen und ganz ohne Streit.

Refrain 2:
Geh' doch zum Teufel,
ich brauch dich nicht.
Viel Spaß in der Hölle,
ganz ohne Licht.
Geh' doch zum Teufel,
du verdienst mich nicht!

Furchtbar

Strophe 1:
Ich fühle mich hilflos,
wenn du mir von deinem Kummer erzählst.
Ich halte die Luft an bei dem Gedanken,
wie sehr du dich quälst.
Welch ein Alptraum muss dein Leben jeden Tag sein.
Es ist so unfair, denn du fühlst dich ganz allein.

Pre-Chorus:
Ich kann nicht fassen,
dass dein Traum vom Ende
noch nicht erloschen ist.
Du kannst nicht hassen,
weil dein Traum von Ende noch nicht erloschen ist

Refrain:
Furchtbar,
dein Leben steckt voller Kummer
und du wirst immer stummer,
je mehr Schatten entstehen.
Furchtbar,
dein Leben steckt voller Qualen,
jemand muss dafür bezahlen,
das musst du einsehen.
In der Nacht ergibst du dich und lässt das Böse hinein.
Das ist nicht harmlos, es hält dich klein.

Strophe 2:
Ich bin ruhelos, weil ich nicht weiß,
wie ich helfen kann.
Mir fehlen die Mittel, denn er bleibt
ja dein Mann.
Welch Verzweiflung schleppst du täglich mit dir.
Du willst gehen und stehst doch noch hier.

Pre-Chorus:
Ich kann nicht fassen,
dass dein Traum vom Ende
noch nicht erloschen ist.
Du kannst nicht hassen,
weil dein Traum von Ende noch nicht erloschen ist.

Refrain

Bridge:
Der Schmerz wird mehr,
er ist wie Blei so schwer.
Der Schmerz sitzt tief,
steht im Abschiedsbrief.
Der Schmerz bleibt da,
ihr seid nicht mehr ein Paar.

Refrain

Outro:
In der Nacht ergibst du dich,
weil dich die Dunkelheit befreit.
Aber mach's ihr nicht zu leicht,
denn mein Licht steht noch bereit.

Für immer

Strophe 1:
Ich kann nicht leugnen, dass ich dich mal liebte.
Ich kann nicht leugnen, dass ich dachte, es würde episch sein.
Jetzt treibe ich in einem Meer aus Tränen,
verloren versinken die Erinnerungen,
aus der Zeit, als ich dir vertrauen konnte.

Bridge 1:
Dein Betrug lastet auf mir wie 1000 Steine.
Deine Unterdrückung ist der Grund, warum ich weine.

Refrain:
So geht's zu ende,
ich verlasse dich jetzt und für immer.
Folge mir nicht, mach es nicht noch schlimmer.
Es ist vorbei, -bei, bei, bei.
Ich hasse dich jetzt und für immer.
Folge mir nicht, du hast ja keinen Schimmer,
wie sehr du mich verletzt hast.

Strophe 2:
Ich werde nicht leugnen, dass ich endlich nach vorne blicke.
Ich werde nicht leugnen, dass ich dachte, unsre Liebe wär' rein.
Jetzt fliege ich in einer Luftblase aus Tränen,
entschwebe den verlorenen Erinnerungen,
aus der Zeit, als ich dir noch vertrauen konnte.

Bridge 2:
Dein Betrug gibt mir die Kraft zu gehen.
Deine Unterdrückung lässt mich nicht mehr
umdrehen.

Im Innern meiner Seele

Refrain:
So geht's zu ende,
ich verlasse dich jetzt und für immer.
Folge mir nicht, mach es nicht schlimmer.
Es ist vorbei, -bei, bei, bei.
Ich hasse dich jetzt und für immer.
Folge mir nicht, du hast ja keinen Schimmer,
wie sehr du mich verletzt hast.

Coda:
Ich verlasse dich jetzt,
ich hasse dich jetzt.
Folge mir nicht,
denn ich will dich nie wiedersehen.

Refrain 2x:
So geht's zu ende,
ich verlasse dich jetzt und für immer.
Folge mir nicht, mach es nicht schlimmer.
Es ist vorbei, -bei, bei, bei.
Ich hasse dich jetzt und für immer.
Folge mir nicht, du hast ja keinen Schimmer,
wie sehr du mich verletzt hast.

Flieg mit mir

Strophe 1:
Ich sitze in meinem Wohnzimmer
und halte ein Foto von dir in meinen Händen.
Wir sind eigentlich nur Freunde,
aber ich fühle so viel mehr.

Strophe 2:
Ich sitze hier ohne blassen Schimmer
und frage mich, ob es sich lohnt, daran Zeit zu verschwenden.
Warum ist denn ausgerechnet
die Liebe so furchtbar schwer?

Refrain:
Flieg doch einfach mit mir
zum Mond und all den anderen Sternen!
Flieg doch einfach mit mir
ins pure Glück!
Ich fliege mit dir bis zum Ende der Welt
und auch gerne wieder zurück!

Strophe 3:
Du sitzt bestimmt grad in einer schicken Bar
und lässt dich von 'nem hübschen Typen ablenken,
denn wir sind ja nur Freunde.
Ich finde das absolut nicht fair!

Bridge:
Ich sitze hier und es ist mir jetzt völlig klar:
Ich muss endlich mal an mich und meine Gefühle denken.
Für 'ne reine Freundschaft mag ich dich viel zu sehr.

Refrain 2x:
Flieg doch einfach mit mir
zum Mond und all den anderen Sternen!
Flieg doch einfach mit mir
ins pure Glück!
Ich fliege mit dir bis zum Ende der Welt
und auch gerne wieder zurück!

Flieg doch einfach mit mir
zum Mond und all den anderen Sternen!
Flieg doch einfach mit mir
ins pure Glück!
Ich fliege mit dir bis zum Ende der Welt
und auch gerne wieder zurück!

Outro:
Ich sitze in meinem Wohnzimmer
und allein das Foto von dir lässt mich schweben.
Wir sind Freunde, doch für mich bist du so viel mehr.
Du sitzt in einer schicken Bar
und meinst, das wäre das einzig wahre Leben.
Gib es zu: Wir sind Freunde und ohne mich wäre
dein Leben furchtbar leer.

Du und ich

Strophe 1:
Du und ich,
wie zwei verschmolzene Herzen
streben wir nach Unendlichkeit.
Wie verlassen die uns bekannte Welt und sind
zur atemlosen Reise bereit.
Die See, von Wellen befreit,
erwartet uns, nur dich und mich.

Strophe 2:
Du und ich,
die alten Tabus und Lügen von Richtig und
Falsch interessieren uns nicht.
Wir folgen den langsam untergehenden Licht
in eine Nacht ohne Verzicht
und ohne Reue für dich und mich.

Refrain:
Trotz verlorener Träume hofften wir stets darauf
dass die Liebe zurückkommt und unser Flehen erhört.
Wir verzichten auf Rückhalt und nehmen alles in Kauf
denn das Du und Ich wird nie wieder zerstört.
Unsere Liebe ist endlich wiedergeboren.

Strophe 3:
Trage mich
fort von allen Zweifel und Ängsten der
leidenschaftlichen Fantasie,
hinauf zu den spirituellen Geistern der Poesie,
denn wir brauchen alle Energie,
ich für dich und du für mich.

Refrain

Bridge:
Wenn ich den Glauben verliere,
bringst du ihn mir zurück.
Mit dir entdecke ich das Leben ganz neu.
Deine warmen Worte nehmen mir die Scheu.
Dir bleibe ich ein Leben lang treu.
Wir entdecken Körper und Seele gemeinsam,
Stück für Stück.

Refrain 2x

Outro = Strophe 4:
Verzücke mich,
ich ergebe mich dir, bis das Morgenlicht erwacht.
Deine Nähe brauche ich jetzt jede Nacht,
damit das Schicksal mit uns lacht.
Für immer Du und Ich.

Du lädst meinen Akku auf

Strophe 1:
Mein Leben ist voller Arbeit
und du bist der einzige Ausgleich.
Ich weiß, ich treib' es häufig zu weit
und dann schleppst du mich zum Deich.
Dort spür' ich deine Energie
und nehm' mir ein Stück davon mit.
Ich hoffe, ich verlier' dich nie,
denn, so wie du, hält mich keiner fit.

Refrain 1:
Egal, wie down ich bin,
du lädst meinen Akku auf.
Du gibst meinem Leben wieder Sinn,
nimmst für mich jede Strapaze in Kauf.
Egal, wie tief ich sink',
du lädst meinen Akku auf.
Damit ich nicht mehr trink,
nimmst du jede Strapaze in Kauf.

Post-Refrain:
Alles Geld der Welt reicht nicht, um dir zu danken.
Für mich bist du der größte Held und ich möchte dir hiermit danken.

Strophe 2:
Mein Leben könnte leichter sein,
bräuchte nur auf deine Ratschläge hören.
Deine Liebe ist lupenrein,
dafür würd' ich 'nen Meineid schwören.
Immer spür' ich deine Energie
und nehm ein Stück davon mit.
Verlassen werd' ich dich nie,
denn, so wie du, hält mich keiner fit.

Im Innern meiner Seele

Refrain 2:
Egal, wie viel Stress ich hab,
du lädst meinen Akku auf.
Ich halt' dich manchmal gut auf Trab
und du nimmst das einfach so in Kauf.
Egal, wie weit ich dich jag,
meinen Akku lädst du trotzdem auf.
Ganz egal, was ich dir sag,
nimmst du jede Strapaze in Kauf.

Post-Refrain:
Alles Geld der Welt reicht nicht, um dir zu danken.
Für mich bist du der größte Held und ich
möchte dir hiermit danken.

Bridge:
Ich weiß, ich hab dich nicht verdient,
aber ich genieße jeden Tag mit dir.

Refrain 1:
Egal, wie down ich bin,
du lädst meinen Akku auf.
Du gibst meinem Leben wieder Sinn,
nimmst für mich jede Strapaze in Kauf.
Egal, wie tief ich sink',
du lädst meinen Akku auf.
Damit ich nicht mehr trink,
nimmst du jede Strapaze in Kauf.

Refrain 2

Post-Refrain

Ein Teil von mir

Strophe 1:
Ich kann dir blind vertrauen,
du bist immer für mich da.
Mit dir will ich ein Leben aufbauen
und darin bist du der Star.

Ich würd' mit dir auch durch die Hölle gehen,
ich bin immer für dich da.
An deiner Seite kann ich alles durchstehen,
denn eins ist für mich klar:

Refrain:
Du bist jetzt ein Teil von mir,
ich geb' dich nie mehr mehr wieder her.
Zusammen leben wir im Jetzt und Hier,
ohne dich fühl' ich mich leer.

Du bist jetzt ein Teil von mir,
tief verankert in meinem Herzen.
Wir konzentrieren uns auf das Hier und Jetzt
und vergessen unsere Schmerzen.

Strophe 2:
Wir haben beide schon viel durchgemacht,
fühlten uns dabei allein.
Ich konnt' nicht schlafen in der Nacht
und du erlagst dem Wein.

Wir haben uns nicht unterkriegen lassen
und unsere Liebe dabei entdeckt.
Ich kann es immer noch nicht fassen,
hast meine Seele aufgeweckt.

Refrain:
Du bist jetzt ein Teil von mir,
ich geb' dich nie mehr mehr wieder her.
Zusammen leben wir im Jetzt und Hier,
ohne dich fühl' ich mich leer.

Du bist jetzt ein Teil von mir,
tief verankert in meinem Herzen.
Wir konzentrieren uns auf das Hier und Jetzt
und vergessen unsere Schmerzen.

Bridge:
Wir können noch so viel voneinander lernen,
wir haben alle Zeit der Welt.
Gemeinsam greifen wir nach den Sternen,
du bist und bleibst mein Held.

Refrain 2x:
Du bist jetzt ein Teil von mir,
ich geb' dich nie mehr mehr wieder her.
Zusammen leben wir im Jetzt und Hier,
ohne dich fühl' ich mich leer.

Du bist jetzt ein Teil von mir,
tief verankert in meinem Herzen.
Wir konzentrieren uns auf das Hier und Jetzt
und vergessen unsere Schmerzen.

Im Innern meiner Seele

Ein Leben

Intro:
Ich erzog das Kind
zu einem guten Menschen
und nun weilt er nicht mehr unter uns.

Strophe 1:
Wenn du dich dazu entschließt
Kinder zu haben,
klingt das nach einer guten Idee.
Wenn du dann die Erziehung genießt
und einen guten Job gemacht hast
und dann entdeckst du das Blut im Schnee.

Das zerbeulte Blech am Baum,
du registrierst deine eignen Schreie kaum,
denn es ändert nichts.

Refrain:
Ein Leben endet hier,
dein Sohn kommt nicht mehr zurück.
Ein Leben endet hier,
damit stirbt auch ein Stück
von dir.
Dein Leben endet nicht,
du musst nach vorne sehen.
Dein Leben endet nicht,
auch wenn du es nicht verstehen
kannst.

Strophe 2:

Ich habe ihm jeden Fehler verziehen,
egal wie sehr es schmerzte,
denn ich wollte für ihn da sein.
Ich habe ihm gerne Geld geliehen,
habe auch nicht gefragt wofür,
denn mein Herz war nie aus Stein.

Die Bilder des kalten Tages,
der Anblick des schwarzen Sarges
im hellen Kerzenlicht.

Refrain:

Ein Leben endet hier,
dein Sohn kommt nicht mehr zurück.
Ein Leben endet hier,
damit stirbt auch ein Stück
von dir.
Dein Leben endet nicht,
du musst nach vorne sehen.
Dein Leben endet nicht,
auch wenn du es nicht verstehen
kannst.

Bridge:

Doch wie soll es weitergehen?
Die Wahrheit lässt mich bitter zurück.
Wie kann ich das überstehen?
Dieser eine Moment stahl mein Glück.

War es wirklich ein Versehen?
War die Glätte Schuld daran?
Ich kann das alles nicht verstehen.
Gibt's überhaupt jemanden, der das kann?

Refrain 2x

Im Innern meiner Seele

Für eine Ewigkeit

Strophe 1:
Mein Leben ist umgeben von Schatten,
kein Lichtstrahl dringt zu mir hinein.
In meinem Kopf spuken Spinnen und Ratten,
bin weit entfernt vom Heiligenschein.

Gefesselt sieche ich dahin,
weiß nicht mal mehr, wer ich bin.

Refrain:
Gefangen,
seit einer Ewigkeit.
Gefangen,
für eine Ewigkeit.
Verlangen
nach Rache für diese Strafe.
Verlangen
nach Rache an demjenigen,
der mich gefangen hält.

Strophe 2:
In meinen Gedanken dominiert die Dunkelheit,
meine Seele ist längst gestorben.
Ich werde hier verrotten bis zur Unkenntlichkeit,
mein Verstand ist grausam und verdorben.

Die Fesseln geben einfach nicht nach,
schon seit Wochen liege ich hier wach.

Im Innern meiner Seele

Refrain:
Gefangen,
seit einer Ewigkeit.
Gefangen,
für eine Ewigkeit.
Verlangen
nach Rache für diese Strafe.
Verlangen
nach Rache an demjenigen,
der mich gefangen hält.

Bridge:
Ich weiß, wer mich gefangen hält.
Ich weiß, wer mich hier quält.
Ich weiß, wer jeden Tag zählt.

Refrain 2x

Outro:
Wag dich nicht in meine Nähe,
wer weiß, wie lange die Fesseln noch halten.
Was würde passieren, wenn ich die sähe?
Ich würde dir jeden Knochen einzeln
aufspalten.

Zerbrochen

Intro:
Dies ist die Geschichte einer verlorenen Liebe

Strophe 1:
Ich möchte Dir einen Brief schreiben,
um meine Gefühle zu erklären.
Ich wollte so gerne bei Dir bleiben,
doch ich wollte unseren Kummer nicht vermehren.

Wenn du wüsstest, wie sehr ich dich vermisse,
kein Tag vergeht, ohne an Dich zu denken.
An irgendeinem Punkt bekam unsere Beziehung Risse
und ich war so blöd, mich mit anderen Frauen abzulenken.

Pre-Chorus 1:
Du wolltest nur, dass ich zu Dir stehe,
aber ich konnte Dir nicht mehr zuhören.
Du wolltest nur, dass ich dich verstehe.
Ich musste ja alles zerstören.

Refrain:
Ich habe dein Herz zerbrochen.
Ich weiß, das kann ich nie wieder gutmachen.
Ich habe deinen Schmerz verbrochen.
Ich weiß, das kann ich nicht mehr gutmachen,
aber vielleicht hilft es Dir zu wissen,
das es mit Leid tut.

Strophe 2:
Ich möchte Dir so gerne sagen,
wie sehr ich alles Geschehen zutiefst bereue.
Ich würde nur zu gerne einen Neuanfang wagen,
doch ich weiß, wie es steht, um meine Treue.

Und du kennst natürlich meine Laster,
deswegen vertraust du mir nicht mehr.
Unsere Beziehung war ein Desaster
und trotzdem liebe ich Dich noch so sehr.

Pre-Chorus 2:
Du wolltest nur, dass ich zu Dir sehe,
aber ich ließ lieber meinen Blick schweifen.
Du wolltest mich doch nur in deiner Nähe,
aber ich musste ja alles zerstören.

Refrain 2x:
Ich habe dein Herz zerbrochen.
Ich weiß, das kann ich nie wieder gutmachen.
Ich habe deinen Schmerz verbrochen.
Ich weiß, das kann ich nicht mehr gutmachen,
aber vielleicht hilft es Dir zu wissen,
das es mit Leid tut.

Outro:
Diese Liebe ist verloren,
Unsere Herzen sind zerbrochen.
Diese Liebe habe ich zerstört.
Deswegen komme ich auch nicht angekrochen.
Vielleicht hilft es dir zu wissen,
dass es mir Leid tut.

Im Innern meiner Seele

Ich könnte

Intro:
Dies ist eine weitere Geschichte über Liebe.

Strophe 1:
Ich traf dieses Mädchen an einem Inselstrand,
bei dem Versuch, meinen Kummer zu vergessen.
Wir lagen gemeinsam im heißen Tropensand
und ließen uns von nichts und niemandem stressen.

Doch, obwohl es so leicht war, sich in sie zu verlieben
waren meine Bedenken und Ängste leider geblieben.

Strophe 2:
Dieses Mädchen reichte mir großzügig ihre Hand,
doch ich zögerte panisch, danach zu greifen.
Ich fühlte mich, als berührte mein Rücken längst die kalte Wand
dabei musste ich doch nur zum erwachsenen Mann reifen

Obwohl es so leicht war, fühlte ich mich in die Ecke getrieben
waren meine Bedenken und Ängste geblieben.

Refrain:
Ich könnte frei sein,
doch es gelingt mir einfach nicht.
Deine Gefühle sind so rein,
doch meine sind es leider nicht.
Wir könnten frei sein,
doch es gelingt uns einfach nicht.
Mein Mut ist zu klein,
ich vernebele meine eigene Sicht.
Deine Gefühle sind so rein,
doch meine sind es leider nicht.

Im Innern meiner Seele

Strophe 3:
Ich zog mit diesem Mädchen in ein anderes Land,
wollte fern von allem mit ihr einen Neuanfang wagen.
Aber auch an diesem schönen Weltenrand
hörten die Schuldgefühle nicht auf, an mir zu nagen.

Doch, obwohl es so leicht war, sich in sie zu verlieben,
hätte ich gerne einen ganz anderen Text geschrieben.

Refrain 2x:
Ich könnte frei sein,
doch es gelingt mir einfach nicht.
Deine Gefühle sind so rein,
doch meine sind es leider nicht.
Wir könnten frei sein,
doch es gelingt uns einfach nicht.
Mein Mut ist zu klein,
ich vernebele meine eigene Sicht.
Deine Gefühle sind so rein,
doch meine sind es leider nicht.

Outro:
Obwohl es so leicht war, sich in sie zu verlieben,
fühlte ich mich nur in die Ecke getrieben,
waren meine Bedenken und Ängste leider geblieben.

Okay

Intro:
Dieses Liebeslied zeigt den Weg,
der noch vor mir liegt.

Strophe 1:
Für die Arbeit verließ ich das Festland erneut,
ging zurück auf die Insel, die meine Liebe zerstörte.
So viele Dinge habe ich in mein Leben bisher bereut
nur weil ich meine eigenen Gefühle nicht erhörte.

Verzweifelt habe ich nach Zweisamkeit gesucht,
weil ich dachte, ich könnte nicht für mich alleine bleiben
Habe jeden einsamen Tag innerlich verflucht,
doch nun kann ich endlich auch andere Texte schreiben.

Refrain:
Ich muss nicht über Liebe singen,
es gibt noch so viele andere Themen.
Ich brauche für niemanden ins Feuer springen,
niemanden mit nach Hause nehmen.
Ich muss nicht über dich singen,
es darf auch gerne mal um mich gehen.
Will die Nacht nicht mit dir verbringen,
heute darf sich alles nur um mich drehen.
Das ist okay.

Im Innern meiner Seele

Strophe 2:

Mein Leben lang bin ich vor mir selbst geflohen,
ging zurück auf die Insel, die meine Liebe zerstörte.
So viele Entscheidungen können meine Zukunft bedrohen,
nur weil ich meine eigenen Gefühle nicht erhöre.

Sinnlos habe ich nach Zweisamkeit geschrien,
weil ich dachte, ich könnte nicht für mich alleine bleiben.
Doch ich brauche nicht in die Welt des anderen fliehen,
denn nun kann ich endlich andere Texte schreiben.

Refrain

Bridge:
Ich allein bin schon genug.
Wozu sich gänzlich in jemand anders verlieren?
Ich verzichte auf Lug und Betrug.
Ich bin es Leid, mich zu blamieren.

Refrain

Outro:
Ich muss nicht über dich singen.
Will die Nacht nicht mit dir verbringen.
Endlich darf sich alles mal um mich drehen.
Das ist okay.

Weggespült

Strophe 1:
Dein gutes Herz dient einer höheren Macht
und ist dieser treu ergeben.
Als ich das zum ersten Mal hörte, habe ich noch gelacht
und wollte mich nur schnellstens erheben.

Bridge 1:
Doch etwas hielt mich zurück.
Im Nachhinein war das mein großes Glück.
Seitdem ist alles anders.

Refrain:
Ich sehe jetzt,
was mir immer gefehlt hat.
Ich verstehe jetzt,
was mich immer gequält hat.
Erst mit dir
weiß ich, wie sich der Himmel anfühlt.
Erst mir dir
fühlt es sich richtig an,
alle Zweifel weggespült.

Strophe 2:
Mein gutes Herz ist nun endlich erwacht
und ist dir treu ergeben.
Als ich dich zum ersten Mal verführte, hast du nur gedacht,
endlich kann ich mich diesem Mann hingeben.

Bridge 2:
Wir hielten uns nicht zurück.
Im Nachhinein war das unser großes Glück.
Seitdem ist alles anders.

Refrain 2x:
Ich sehe jetzt,
was mir immer gefehlt hat.
Ich verstehe jetzt,
was mich immer gequält hat.
Erst mit dir
weiß ich, wie sich der Himmel anfühlt.
Erst mir dir
fühlt es sich richtig an,
alle Zweifel weggespült.

Outro:
Ich weiß jetzt,
wie sich der Himmel anfühlt.
Erst mir dir
fühlt es sich richtig an,
alle Zweifel sind weggespült.

Geplant

Strophe 1:
Alle Spiegel sind zerbrochen,
der Boden liegt voller Scherben.
Liegen diese erst seit Tagen oder schon seit Wochen?
Will nur jemand seine Tat bewerben?

Strophe 2:
Die Bettlaken sind mit Blut bedeckt,
deinen ganzen Hass musstest du herauslassen.
Die Kinder hast du extra aufgeweckt.
Wie kann man Menschen nur so schrecklich hassen?

Refrain:
Du hast alles geplant,
hast jede Sekunde genossen.
Deine Opfer haben nichts geahnt.
Du hast sie einfach erschossen.
Du hast alles geplant,
nichts dem Zufall überlassen.
Sie haben leider nichts geahnt.
Das Böse wartet nicht nur in dunklen Gassen.

Strophe 3:
Du willst, dass wir deine Taten sehen,
lässt aber keine Hinweise zurück.
Du verlangst, dass wir deine Gründe verstehen,
aber wir halten dich einfach nur für verrückt.

Refrain:
Du hast alles geplant,
hast jede Sekunde genossen.
Deine Opfer haben nichts geahnt.
Du hast sie einfach erschossen.
Du hast alles geplant,
nichts dem Zufall überlassen.
Sie haben leider nichts geahnt.
Das Böse wartete nicht nur in dunklen Gassen.

Bridge:
Du willst das Glück der Menschen zerstören,
denn Neid und Eifersucht fressen dich von innen auf.
Du glaubst, mit jedem neuen Mord könnte es endlich dir gehören
und somit hörst du niemals auf!

Outro:
Jede Sekunde hast du genossen,
du hast sie einfach erschossen,
vorher extra noch die Kinder geweckt
und die Laken mit dem Blut der Eltern bedeckt.

So viel mehr

Strophe 1:
Wir kennen uns schon so lang
und doch habe ich noch nie von dir geträumt.
Wir hatten nie den Drang
das zu ändern und haben uns viel Platz eingeräumt.

Strophe 2:
Wir sehen uns recht selten,
doch unsere Wellenlänge ist schnell aktiviert.
Von außen kommen wir aus unterschiedlichen Welten,
trotzdem haben unsere Seelen aufeinander reagiert.

Pre-Chorus:
Wir haben uns nie die Mühe gemacht,
unsere Freundschaft zu hinterfragen.
Wir haben noch nie darüber nachgedacht,
den nächsten Schritt zu wagen.

Refrain:
So viel mehr,
zwischen uns könnte so viel mehr sein.
Viel zu schwer,
es muss doch gar nicht so kompliziert sein.
Viel zu leer,
unsere Leben müssten nicht so leer sein.
Zwischen uns könnte so viel mehr sein.
So viel mehr.

Strophe 3:
Wir kennen uns schon so lang
und ich hab' nie gefragt, ob du von mir träumst.
Ich hatte bisher nicht den Drang,
zu fragen, ob du mir Platz in deinem Herzen einräumst.

Pre-Chorus:
Wir haben uns nie die Mühe gemacht,
unsere Freundschaft zu hinterfragen.
Wir haben noch nie darüber nachgedacht,
den nächsten Schritt zu wagen.

Refrain 2x:
So viel mehr,
zwischen uns könnte so viel mehr sein.
Viel zu schwer,
es muss doch gar nicht so kompliziert sein.
Viel zu leer,
unsere Leben müssten nicht so leer sein.
Zwischen uns könnte so viel mehr sein.
So viel mehr.

Outro:
Wir kennen uns schon so lang,
zwischen uns könnte so viel mehr sein.
Unser Leben müsste nicht so leer sein.
Zwischen könnte so viel mehr sein,
so viel mehr.

So wie ich

Strophe 1:
Ich habe immer gedacht,
ich stünde mit meinem Denken allein.
Ich habe immer gelacht,
wenn jemand mir als Topf 'nen Deckel suchte.
Ich habe mich immer als Wok beschrieben,
der alleine durchs Leben geht.
Und so bin ich für mich geblieben,
obwohl die Welt sich weiter dreht.

Refrain:
Niemand
ist so wie ich.
Niemand
ist so wie ich.
Jemanden zu finden,
der mithalten kann,
meinen Humor teilt
und die Welt mit offenen Augen sieht.
Jemanden zu finden,
der mithelfen kann,
meine Ideale teilt
und sich nicht vorm Streit davon stiehlt.
Jemanden zu finden,
der so ist wie ich,
das wäre schön.

Strophe 2:
Ich habe immer geglaubt,
dass da draußen noch irgendwer sein muss,
der mir den Atem raubt
mit dem ultimativsten Kuss.
Ich habe vielleicht schon zu lange gewartet
oder eben noch zu wenig gewagt.
Habe in der Liebe noch nicht durchgestartet
und viel zu häufig Folgendes gesagt:

Refrain

Bridge:
Ich muss mich endlich mehr trauen.
Das Leben ist zu kurz.
Das Leben ist zu schön,
um nur auf blasse Theorie zu bauen.

Refrain

Outro:
Jemanden zu finden,
der so ist wie ich.
Jemanden zu finden,
der mir den Atem raubt,
das kann doch nicht so schwer sein.

Auf keinen Fall

Strophe 1:
Jede Nacht höre ich, wie du weinst.
Ohoohoho.
Jede Nacht bricht es mein Herz.

Du hast Angst, dein Vater könnte für immer gehen.
Ohoohoho.
Du hast Angst, dass auch ich verschwinde.

Pre-Chorus 1:
Wie kann ich dir nur zeigen,
dass du keine Angst haben musst?
Wir kann ich dir helfen
zu verstehen:

Refrain:
Auf keinen Fall lass ich dich zurück.
Auf keinen Fall weiche ich von deiner Seite.
Sei dir sicher, du bist mein wahres Glück.
Egal, wie sehr ich mich mit deinem Vater streite,
ich bin auf jeden Fall da für dich.

Strophe 2:
Jede Nacht spüre ich, was du meinst.
Ohoohoho.
Jede Nacht sehe ich deinen Schmerz.

Du hast Angst, deine Familie zerbricht für immer.
Ohoohoho.
Du hast Angst, dass du alleine stehst.

Im Innern meiner Seele

Pre-Chorus 2:
Ich will dir gerne zeigen,
dass du keine Angst haben musst.
Zu gerne werde ich dir helfen
zu verstehen:

Refrain 2x:
Auf keinen Fall lass ich dich zurück.
Auf keinen Fall weiche ich von deiner Seite.
Sei dir sicher, du bist mein wahres Glück.
Egal, wie sehr ich mich mit deinem Vater streite,
ich bin auf jeden Fall da für dich.

Auf keinen Fall lass ich dich zurück.
Auf keinen Fall weiche ich von deiner Seite.
Sei dir sicher, du bist mein wahres Glück.
Egal, wie sehr ich mich mit deinem Vater streite,
ich bin auf jeden Fall da für dich.

Outro:
Jede Nacht höre ich dich weinen.
Ohoohoho.
Auf keinen Fall lass ich dich zurück.
Jede Nacht bricht es mein Herz.
Ohoohoho.
Sei dir sicher, du bist mein wahres Glück.

Angewiesen

Strophe 1:
Ich will in der Stadt mit meinen Freunden ausgehen
und nicht nur zu Hause allein Däumchen drehen.
Ich will sehen, wie mein Junge Spaß hat im Leben
und ihm mithilfe meiner Erfahrungen etwas mitgeben.

Pre-Chorus:
Stattdessen krieche ich durch den Tag.
Mache nichts von dem, was ich mag.
Vielleicht auch, weil ich nicht frag.

Refrain 1:
Ich bin auf dich angewiesen.
Ich hab keine Chance, das Leben zu genießen.
Will ich halbwegs frei sein,
muss ich deine Nähe zulassen.
Merkst du nicht, dass ich anfange,
dich dafür zu hassen?

Strophe 2:
Ich will in der frischen Luft spazieren gehen
und mit meinem Jungen im Zoo die Elefanten sehen.
Ich will beim Shoppen auch mal richtig Geld ausgeben
und auch mal ein paar Abenteuer erleben.

Pre-Chorus

Refrain 1

Bridge:
Ich will das nicht mehr länger ertragen.
Doch mir fehlen die Worte, um dir die Wahrheit zu sagen.
Und ich wage es nicht, um Hilfe zu fragen.

Pre-Chorus:
Stattdessen krieche ich durch den Tag.
Mache nichts von dem, was ich mag.
Vielleicht auch, weil ich nicht frag.

Refrain 1:
Ich bin auf dich angewiesen.
Ich hab keine Chance, das Leben zu genießen.
Will ich halbwegs frei sein,
muss ich deine Nähe zulassen.
Merkst du nicht, dass ich anfange,
dich dafür zu hassen?

Refrain 2:
Ich bin auf dich angewiesen.
Ich hab keine Chance, auch nicht nach hundert weiteren Krisen.
Will ich halbwegs frei sein, muss ich deine Nähe ertragen.
Vielleicht ist es mein Schicksal, keinen Neuanfang zu wagen.

Auf dem Weg in die Dunkelheit

Strophe 1:
Wie soll ich dir erklären, was tief in mir drin vorgeht?
Im Innern meiner Seele ist alles wie verdreht.

Ich werde es mal versuchen in Worte zu fassen.
Es gibt zwar helle Wege, aber noch mehr dunkle Gassen.

Refrain:
Auf dem Weg in die Dunkelheit
findest du viele Kreaturen.
Die ständige Einsamkeit
hinterließ so manche Spuren.
Auf dem Weg in das dunkle Reich
begegnen dir viele Gefahren.
Es ist besser, du schützt dich gleich
vor dem Innern meiner Seele.

Strophe 2:
Du triffst auf mein Begehren, das meist im Mittelpunkt steht.
Was ich dir nicht verhehle ist, welcher Wind hier weht.

Du darfst mich nicht verfluchen, denn ich kann es nicht lassen.
Wohin ich mich auch bewege, wirst du nichts verpassen.

Refrain

Bridge:
Bitte verlauf dich nicht!
Ich will dich auf keinen Fall verlieren.
Vergiss nicht das Licht!
Prüf' mich nicht auf Herz und Nieren.
Der Nebel ist zu dicht,
kämpf' dich durch die Schlieren.
Verliere nicht die Sicht!
Das darf nicht passieren!

Refrain 2x:
Auf dem Weg in die Dunkelheit
findest du viele Kreaturen.
Die ständige Einsamkeit
hinterließ so manche Spuren.
Auf dem Weg in das dunkle Reich
begegnen dir viele Gefahren.
Es ist besser, du schützt dich gleich
vor dem Innern meiner Seele.

Auf dem Weg in die Dunkelheit
findest du viele Kreaturen.
Die ständige Einsamkeit
hinterließ so manche Spuren.
Auf dem Weg in das dunkle Reich
begegnen dir viele Gefahren.
Es ist besser, du schützt dich gleich
vor dem Innern meiner Seele.

Es ist so leicht

Strophe 1:
Ich frag mich, wie es ist,
ein normaler Mensch zu sein.
Ich beobachte, wie du bist,
doch mir sind die Grenzen viel zu klein.
Ich versuche es mit viel List,
doch ich wahre nur den Schein.

Pre-Chorus:
Kannst du dir vorstellen,
nicht das Geringste zu spüren?
Kannst du dir vorstellen,
den Teufel der Nacht zu verführen?

Refrain:
Es ist so leicht,
ein Menschenleben zu vernichten.
Es ist so leicht,
jemandem die Kehle durchzuschneiden.
Es ist so leicht,
schreckliches Unheil anzurichten.
Es ist so leicht,
Fehler dabei zu vermeiden.
Es ist so leicht,
so leicht habe ich mein Ziel erreicht.

Strophe 2:
Ich frage mich, wie es ist,
dem Drang mal nicht nachzugeben.
Ich beobachte, wie du bist,
aber ich nenn' das nicht Leben.
Ich versuche es mit weniger List
und schon scheine ich dem Ende zuzustreben.

Pre-Chorus:
Kannst du dir vorstellen,
nicht das Geringste zu spüren?
Kannst du dir vorstellen,
den Teufel der Nacht zu verführen?

Refrain 2x:
Es ist so leicht,
ein Menschenleben zu vernichten.
Es ist so leicht,
jemandem die Kehle durchzuschneiden.
Es ist so leicht,
schreckliches Unheil anzurichten.
Es ist so leicht,
Fehler dabei zu vermeiden.
Es ist so leicht,
so leicht habe ich mein Ziel erreicht.

Outro:
Kannst du dir vorstellen,
warum ich nicht anders sein kann?
Kannst du einsehen,
dass ich anders sein will?
Dann muss ich gehen.

Frei sein

Strophe 1:
Der blaue Himmel schwebt majestätisch über mich hinweg
und der Duft von tausend Blüten gibt mir Kraft.
Das grüne Gras soll mein Bett sein
und vielleicht möchtest du mit mir dort liegen.

Die Sonne schickt ihre warmen Strahlen auf uns herab
und der Wind fährt mir liebevoll durchs Haar.
Niemand wir uns hier finden
und wir brauchen uns nicht verbiegen.

Refrain:
Lass uns frei sein
und das Leben genießen.
Ohne Bedauern
mit der Natur fließen.
Lass uns frei sein
und das Leben leben.
Was kann es denn Schöneres geben?

Strophe 2:
Die hellen Sterne funkeln im Netz des Firmaments
und ich spüre deine Lippen an meinem Hals.
Das grüne Gras soll unser Bett sein
und ich möchte dich nur noch in meinen Armen wiegen.

Voll Wonne spüre ich deine Haut an meiner Haut
und der Wind fährt uns liebevoll durchs Haar.
Niemand weiß, wo wir uns befinden
und sie werden uns niemals kriegen.

Refrain

Bridge:
Wir sind frei
und bereuen nichts.
Wir sind Kinder des Lichts.
Wir sind frei
und lieben das Leben.
Jeden Tag nach mehr Freiheit streben.

Refrain:
Lass uns frei sein
und das Leben genießen.
Ohne Bedauern
mit der Natur fließen.
Lass uns frei sein
und das Leben leben.
Was kann es denn Schöneres geben?

Outro:
Liebe das Leben
und genieße es ohne Bedauern.
Liebe die Freiheit
und genieße jeden Tag,
als wenn dein letzter wär.

Ich gebe niemals auf

Strophe 1:
In meinem Leben
hab' ich so viel durchgemacht.
So manche Nacht
hab' ich daher durchgewacht.
So mancher Traum
ist dabei für immer geplatzt.

In meinem Leben
hab' ich so viel verloren.
Ich hab' gedacht,
die Welt hätt' sich gegen mich verschworen.
Doch in einem Traum
hab' ich meine Zukunft gesehen.

Refrain:
Ich gebe niemals auf,
egal, was mir noch passiert.
Keine Strapaze ist mir zu schwer,
die Vergangenheit zählt nicht mehr.
Das Leben nimmt seinen Lauf,
ich gebe niemals auf.

Strophe 2:
In meinem Leben
hab' ich schon viel gesehen.
So manchen Fehler
muss ich mir eingestehen.
So manche Chance
hab' ich dabei verpatzt.

In meinem Leben
hab' ich schon viel geweint.
Ich dacht' schon,
nichts ist, wie es scheint.
Doch ich glaub' daran,
dass Wunder geschehen.

Refrain

Bridge:
Was auch immer noch passiert,
ich weiß, ich finde einen Weg.
Egal, was geschehen wird,
ich finde einen Weg!

Refrain:
Ich gebe niemals auf,
egal, was mir noch passiert.
Keine Strapaze ist mir zu schwer,
die Vergangenheit zählt nicht mehr.
Das Leben nimmt seinen Lauf,
ich gebe niemals auf.

Ich verlasse mich auf dich

Strophe 1:
Ich habe viele Fehler gemacht,
doch du hast sie mir verziehen.
Ich habe dir oft Kummer gemacht
und hatte Angst, dich zu verlieren.

Du bist der Fels in meiner Brandung,
auch nach der tausendsten Bruchlandung
stehst du zu mir
egal, was passiert.

Refrain:
Ich verlasse mich auf dich,
ohne dich könnte ich nicht leben.
Ich vertraue voll auf dich,
mir dir kann ich über alles reden.
Ich setze ganz auf dich,
es kann keinen Besseren geben.
Oh ja, nur für dich
verlasse ich den Garten Eden.

Strophe 2:
Ich hab nicht immer alles durchdacht,
aber ich muss mir eingestehen:
du hast über unsre Beziehung gewacht;
immer die Angst, ich könnte gehen.

Du bleibt der Fels in meiner Brandung,
auch nach der tausendsten Bruchlandung
hältst du zu mir
egal, was passiert.

Im Innern meiner Seele

Refrain:
Ich verlasse mich auf dich,
ohne dich könnte ich nicht leben.
Ich vertraue voll auf dich,
mir dir kann ich über alles reden.
Ich setze ganz auf dich,
es kann keinen Besseren geben.
Oh ja, nur für dich
verlasse ich den Garten Eden.

Bridge:
Es lief nicht immer so gut,
du schäumtest manchmal vor Wut,
ich kann es dir auch nicht verdenken.

Egal, wie weh es auch tut,
du verlierst nie den Mut.
Ich will dir mein Herz für immer schenken.

Refrain 2x:
Ich verlasse mich auf dich,
ohne dich könnte ich nicht leben.
Ich vertraue voll auf dich,
mir dir kann ich über alles reden.
Ich setze ganz auf dich,
es kann keinen Besseren geben.
Oh ja, nur für dich
verlasse ich den Garten Eden.

Was ist nur mit mir los?

Strophe 1:
Jeden Morgen frage ich mich,
welche Laune du heute hast.
Die kann richtig gut
und richtig mies sein, oh Baby.
Und trotzdem halte ich das irgendwie aus.

Refrain:
Was ist nur mit mir los?
Jeder sagt mir, ich soll dich verlassen,
aber ich kann es nicht,
weil mein Herz noch für dich schlägt.
Ich weiß, dass es falsch ist,
aber ich kann die Tatsache nicht ändern,
dass ich dich nicht verlassen kann.
Was ist nur mit mir los?

Strophe 2:
Jeden Tag lebe ich in Angst,
welche Laune dich überkommt.
Wird sie richtig gut
oder richtig mies sein, oh Baby?
Und trotzdem halte ich das irgendwie aus.

Refrain

Bridge:
Mein Leben liegt auf einem Berg voller Lügen.
Aber ich kann meine Mitmenschen nicht weiter betrügen.
Wie auch immer, so kann es nicht weitergehen.

Strophe 3:
Jede Nacht frage ich mich,
welche Laune du morgen hast.
Die könnte richtig gut,
aber auch richtig mies sein, oh Baby.
Und trotzdem halte ich das irgendwie aus.

Refrain 2x:
Was ist nur mit mir los?
Jeder sagt mir, ich soll dich verlassen,
aber ich kann es nicht,
weil mein Herz noch für dich schlägt.
Ich weiß, dass es falsch ist,
aber ich kann die Tatsache nicht ändern,
dass ich dich nicht verlassen kann.
Was ist nur mit mir los?

Im Innern meiner Seele

<u>The english Songs</u>

Declaration of love (Part 1)
Like a feather

Intro:
This is the story of a lost love.

Strophe 1:
I wanna write you a letter,
so I can tell you how I feel
to make things better,
'cause I want our hearts to heal.

I wanna tell you that I miss you,
think about you every day
and I still love you, too.
But I couldn't hold you, you couldn't stay.

Bridge 1:
You wanted me to listen
and I could see your dispair.
You were so bright and glistened,
but what you did was not fair.

Refrain:
You broke my heart, my soul, my spirit.
You threw all away what we built together.
You destroyed my guard, my home, took my money to the limit.
I'll begged you to stay, but you flew away
like a feather, feather, feather.

Strophe 2:
I could understand what you did,
if you would tell me how you feel,
want you to admit
that our love was for real.

Together we have this awesome boy
and I miss him every day,
but you had to destroy
what I had with him in every way.

Bridge 2:
So I didn't listen,
but it's definitely not fair
to keep him away, I miss him,
can't you feel my dispair?

Refrain

Strophe 3:
Why did it have to end like this?
You tried to tell me how you feel.
I had no idea what I would miss
and that our love wasn't strong as steal.

Now it's too late to get you back,
I regret this every day.
What's left of me is a wreck,
who would change everything without delay.

Refrain

Declaration of Love (Part 2)
A new way

Intro:
This is another story about love.

Strophe 1:
I met this girl on an island
where I tried to forget my misery.
She was there to hold my hand
and I craved for her audacity.

It was easy to fall in love with her,
but after what happens I was afraid.

Strophe 2:
I sat with her in warm sand
and listened to every word she said.
I was not just her lover, I was her friend,
because I didn't wanna be a threat.

I changed myself, 'cause I wanna hold her,
I was afraid to lose another mate.

Refrain:
With her I was free, I was a good man.
With her I could see a new future for me.

With her I could stay a really good man.
With her, every day showed me
a new way of love.

Strophe 3:
I stayed with her on that island
where we enjoyed our liberty.
She helped me to understand
that I had to let go my misery.

I did everything I could to keep her,
opened in my heart every possible gate.

Refrain

Bridge:
I don't know what went wrong,
because although my love was so strong
I couldn't keep her.

Refrain:
With her I was free, I was a good man.
With her I could see a new future for me.

With her I could stay a really good man.
With her, every day showed me
a new way of love.

Outro:
I thought I was smart going a new way of love.

Declaration of Love (Part 3)
The real me

Intro:
This love song is about
what might happen in the future.

Strophe 1:
I am working on that island again,
where my last fling fell apart.
I am trying everything that I can
not to ruin this new start.

My last love have burned me so much,
I have no idea if there is a way out.
There is still a hunger for her touch,
but that's not what I'm singing about:

Refrain:
For the first time I am free.
I have time to heal myself.
For the first time I feel free.
I have time to find myself.
For the first time I can be
the man I wanna be.
For the first time I can see
the real me

Strophe 2:
All this time I tried to understand
why my last fling fell apart.
So many hours I have spent,
reached back to our love's first start.

The problem was not really me,
after a lot of thinking I get that now.
I need a new philosophy
and I will get it alone somehow:

Refrain

Bridge:
I forgot what I need.
I stopped to take the lead.
Love is not good if you lose your way.
It's better to enjoy every single day.

Refrain

Outro:
I have time to find myself,
I have time to heal myself.
For the first time I can be the real me.

Away from perfect

Strophe 1:
You want a world in pink,
although it's dark and grey.
You don't want to sink,
but I can't show you the way.

It's hard for you to see
what's wrong and not to change.
There is no place to flee
and no time to rearrange.

Refrain:
The world is far away from perfect,
but we can try to make it better.
The world is far away from good,
but we can write it in this letter,
'cause in your heart
is still a light
of love and peace,
ready to fight
for this world away from perfect.

Strophe 2:
I don't know what you think,
'cause you have a busy day.
There's no time to blink,
not even to sit or just to stay.

It's hard enough to be
in our society.
There is no place to flee
in this time of anxiety.

Refrain

Bridge:
I hope you won't give up
to work for a better place.
I hope you'll never stop
to idolise us with your grace.

Refrain 2x:
The world is far away from perfect,
but we can try to make it better.
The world is far away from good,
but we can write it in this letter,
'cause in your heart
is still a light
of love and peace,
ready to fight
for this world away from perfect.

Outro:
There is a light in your heart,
ready to fight for love and peace,
shining bright without a guard,
ready to fight our enemies.

Bring me closer to the sun
(Hannibal Theme)

Strophe 1:
Come closer,
so I can look you in the eyes
where your hidden treasure lies.
Come clean,
or I can't help you here.
I don't need you hiding in fear.

Bridge 1:
You know, I'm in this cell forever,
'cause I'm the evil incarnated.
I would like to eat your liver,
'cause the heart is overrated.

Refrain:
I'll tell you everything,
if you bring me closer to the sun.
I could help you with your case,
at least a little fun.
I'll tell you what you need to know,
but you to hurry, run!
Time is running out of our hands,
we can't change, what's already done.
Bring me closer to the sun!

Im Innern meiner Seele

Strophe 2:
Trust me,
so I can help you find the guy,
before someone else is gonna die.
I see
you struggling with your pain,
but you'll feel the butterflies again.

Bridge 2:
You know, I need to be free,
'cause I can't stay here in jail.
You can catch me by my vanity,
so there's a chance not to fail.

Refrain:
I'll tell you everything,
if you bring me closer to the sun.
I could help you with your case,
at least a little fun.
I'll tell you what you need to know,
but you to hurry, run!
Time is running out of our hands,
we can't change, what's already done.
Bring me closer to the sun!

Outro:
The rescue lies in our hands,
so please forget the silence of the lambs.

Cage

Strophe 1:
There are walls around me
without doors,
I'm trapped inside.
The dark crawls around me
without sound,
no light's in sight.

Refrain:
I'm in a cage
with no way out.
I'm in a cage,
hidden from the crowd.
There is a stage,
surrounded by flames.
There is no rage,
so stop playing games.

Strophe 2:
I feel lost around you
without love,
this is not right.
What it costs around you,
without help
makes me the bird of night.

Refrain

Im Innern meiner Seele

Bridge:
It was not my choice
to live in here.
I had a voice
which burns in fear.

Refrain:
I'm in a cage
with no way out.
I'm in a cage,
hidden from the crowd.
There is a stage,
surrounded by flames.
There is no rage,
so stop playing games.

Outro:
You built this prison
without doors
to hide inside
what you think it's yours.
Would you believe
that your trophy
is dying inside?
What about divorce?

For a certainty

Strophe 1:
Your eyes are mysterious flames,
hidden in an beautiful face.
Too honest to play any games,
I'm still waiting for your embrace.

Your smile gets my heart alight
and I'm craving for your love.
For a guy like you, I would always fight.
I'm captivated and fly above.

Refrain:
I am clutching at a straw,
although it's a cry for the moon.
I adore, what I saw
and I hope, you admit it soon,
that we're meant for each other,
for a certainty.

Strophe 2:
It's hard to keep abreast
with your self-confidence.
You have a good heart in your chest,
so, please, give me a chance!

Don't let me run aground,
we've got ample time.
I'm tired of getting around,
I wanna make you mine.

Refrain:
I am clutching at a straw,
although it's a cry for the moon.
I adore, what I saw
and I hope, you admit it soon,
that we're meant for each other,
for a certainty.

Bridge:
I need your corroboration,
I am agog with curiosity.
I hope, you share my fascination
for a certainty.

Refrain:
I am clutching at a straw,
although it's a cry for the moon.
I adore, what I saw
and I hope, you admit it soon,
that we're meant for each other,
for a certainty.

Im Innern meiner Seele

Forgive me

Strophe 1:
I cannot imagine, what you're going through.
I can just say, these words are for you.
I can't blame you for hating me,
your biggest fears are now reality.

You are sitting there while I still go around.
Life is so unfair, you're lying on the ground.
I wanna try to help, but I don't know how.
I just can offer it, but it's your turn now.

Refrain:
Please forgive me
and reach out to my hand.
Try to forgive me,
this is not the end.

Forget your misery,
I'll try to understand.
Please forgive me,
I am still your friend.

Strophe 2:
I know I can't change what the past has done,
but the world is not that dark, there is still the sun.
I cannot take away your pain, but help to live with it.
I'm still part of your world, you have to admit.

Everything happens for a reason, have you thought of that?
Perhaps in the future, you won't be that mad.
I am here for you, if you ever wanna talk.
I cannot change the past, I can't make you walk.

Refrain:
Please forgive me
and reach out to my hand.
Try to forgive me,
this is not the end.

Forget your misery,
I'll try to understand.
Please forgive me,
I am still your friend.

Bridge:
Don't cut me out of your life,
I will stand by you forever.
Please don't lose your drive,
never say never!

Refrain:
Please forgive me
and reach out to my hand.
Try to forgive me,
this is not the end.

Forget your misery,
I'll try to understand.
Please forgive me,
I am still your friend.

Give back your heart

Strophe 1:
You destined your soul to a higher power
and never questioned your decision.
You were the guide for those who were lost
and never questioned your religion.

Bridge 1:
Then I crossed your way
and from that day
nothing's ever be the same.

Refrain:
You asked god
to give back your heart,
so you can give it to me.
You asked god
for a brandnew start,
so you can live with me.
You can't stay,
'cause you are gay,
I'll make you sway.
So you asked god
to give back your heart.

Strophe 2:
You spotted your goal in the brightest hour
and never questioned your new mission.
You found the knight who loved you the most
and never questioned the new direction.

Bridge 2:
You just changed your way
and from that day
nothing's ever be the same.

Refrain 2x:
You asked god
to give back your heart,
so you can give it to me.
You asked god
for a brandnew start,
so you can live with me.
You can't stay,
'cause you are gay,
I'll make you sway.
So you asked god
to give back your heart.

Outro:
You asked god
to release you for love.
He came down
from the sky above
and said no.

Hollow

Strophe 1:
In my soul
is a whole
of darkness.

In my brain
is a drain
filled with tears.

My heart
needs a restart
from your mess.

Bridge:
How can I ever be the same,
after what you did to me?
You just used me, who's to blame?
Didn't saw your atrocity.

Refrain:
I'm just a hollow,
about to disappear.
I'm fainting into shadow,
I lose myself in fear.
My dawning days are over,
don't need a field of clover.
I'm just a body
about to dissapear.

Im Innern meiner Seele

Strophe 2:
In my mind
I rewind
my emptyness.

On my skin
I feel sin,
you left there.

My eyes
see all lies
you never confess.

Bridge:
How can I ever be the same,
after what you did to me?
You just used me, who's to blame?
Didn't saw your atrocity.

Refrain 2x:
I'm just a hollow,
about to disappear.
I'm fainting into shadow,
I lose myself in fear.
My dawning days are over,
don't need a field of clover.
I'm just a body
about to dissapear.

I want to make you my own

Strophe 1:
I wanna stay,
it's time to settle down.
There is no way
to stop the battle now.

You are not ready,
don't wanna be close.
Afraid to go steady,
but it's you I chose.

Bridge:
Maybe I have to wait a while
until you understand how I feel.
I think you're still in denial,
can't understand that my love is for real.

Refrain 2x:
You're my goal,
best of the best.
You're my all,
you past the test.

My love is printed in stone.
Please believe,
I want to make you my own!

Strophe 2:
I make you sway,
trust in me.
I go astray
in serenity.

I will wait for you,
don't feel ashamed.
What you have to do
is okay and is framed.

Bridge

Refrain:
You're my goal,
best of the best.
You're my all,
you past the test.

My love is printed in stone.
Please believe,
I want to make you my own!

Coda:
My goal, the best
my all past the test.
Please believe:
I want to make you my own!

My right to restore

Strophe 1:
Here am I
ready to fight.
Here am I
and it feels right.

Our history
was painful enough.
Without glory
I am playing tough.

Refrain:
I want you out of my life,
out of my sight,
into the night.
So please, stay out of my life,
out of my sight,
into the light.

I don't need you anymore,
I need time to restore.
I want you out of my life,
out of my sight.
I'm using my right
to restore.

Strophe 2:
Here am I
shining alight.
Here am I
about to bite.

In our story
we played so rough
that I'm ready
to pack your stuff.

Refrain

Bridge:
Als long as you are in my way,
as long as you're about to stay
we will be troubled everyday!

Refrain:
I want you out of my life,
out of my sight,
into the night.
So please, stay out of my life,
out of my sight,
into the light.

I don't need you anymore,
I need time to restore.
I want you out of my life,
out of my sight.
I'm using my right
to restore.

Remarkable boy
(Another Hannibal Theme - Duet)

Strophe 1: (Will)
I have the feeling,
that I've almost got the right idea,
but I can't catch the thought.
I have the feeling,
that I can't get any closer,
but I'm standing in a blind spot.

Oh my god!

Pre-Chorus: (Will)
It was you, who did all this!
I was a fool talking to you.
It was you, that's what I'd missed!
I was a fool without a clue.

Now you know who did all this! **(Hannibal)**
Every game must have an ending.
It was me, that's what you'd missed.
But thanks for your attending.

Refrain 1: (Hannibal)
Remarkable boy,
I don't want you to feel any pain.
I want to enjoy,
that your blood is floating your vains.
I think I'll eat your heart,
at least that's where I start.
You're in shock now,
my remarkable boy.

Strophe 2: (Will)
I have the feeling,
this could be the end,
but I'm not going without a fight.
I have the feeling,
you're dying with me
and only then can come the night.

Oh my god!

Refrain 2: (Hannibal)
Remarcable boy,
I think that you're totally insane.
You're just a toy,
you really don't have to explain!
Perhaps I'll get an award,
I think first I'll eat your heart.
You're in shock now,
my remarcable boy.

Pre-Chorus

Strophe 3: (both)
I have the feeling,
that we've both lost now,
but it's not over yet.
I have the feeling,
the game is over,
but we're not ready to be dead.

Outro: (Hannibal)
Remarcable boy,
I admire your courage.

Struggle

Strophe 1:
You are standing so far away
and it feels like you're right next to me.
Although the room is fully crowded,
you are the only one I see.

My heart wants to run to you,
but my mind is too scared to try.
It appears you think the same,
although I don't know why.

Pre-Chorus:
Can it be that love is not enough,
when circumstances aren't right?
Can it be that love is not enough,
when you don't have the power to fight?

Refrain:
Romance has left the building,
but I hope it will come back.
Defense is checking in here,
and I hope you will attack.
If love means for us to struggle
before we get our happy ending,
then let the playoffs begin.
I'm in.

Strophe 2:
We are standing face to face,
but it feels like you are so far away.
Although here's just you and me,
I'm not sure that I wanna stay.

My heart is beating really fast,
but my mind needs to concentrate.
It appears you think the same
and I hope it's not too late.

Refrain:
Romance has left the building,
but I hope it will come back.
Defense is checking in here,
and I hope you will attack.
If love means for us to struggle
before we get our happy ending,
then let the playoffs begin.
I'm in.

Pre-Chorus = Outro:
Can it be that love is not enough,
when circumstances aren't right?
Can it be that love is not enough,
when you don't have the power to fight?

Sparkle

Intro:
I'm not myself anymore.

Strophe 1:
I don't know who I became
in this working progress.
I just know, I'm not the same,
it's like I'm possessed.

Pre-Chorus 1:
Who is the person in the mirror,
looking straight back at me?
Who ist the person on that photo,
why is he pretending to be me?

Refrain:
I lost the sparkle in my eyes,
my aura lost its shine.
My happiness is hiding in disguise,
my courage is hiding in a glass of whine.
I need to find myself again.
Hopefully, then I'll find you, too.
I need to find my soul again.
Propably, then I'll find you, too.

Strophe 2:
I don't know who is to blame,
but I'm no success.
I just know I lost the game,
'cause I was repressed.

Pre-Chorus 2:
There is a person in the mirror,
that I don't wanna be!
There is a person in the pictures,
but it can't be me!

Refrain

Bridge:
I want my charisma back.
I need to give in my weaknesses.
I hope I'll get in a crack.
It doesn't matter how hard it is!

Pre-Chorus 2

Refrain:
I lost the sparkle in my eyes,
my aura lost its shine.
My happiness is hiding in disguise,
my courage is hiding in a glass of whine.
I need to find myself again.
Hopefully, then I'll find you, too.
I need to find my soul again.
Propably, then I'll find you, too.

Pre-Chorus 1 = Outro:
Who is the person in the mirror,
looking straight back at me?
Who ist the person on that photo,
why is he pretending to be me?

True Love

Strophe 1:
I wanna try
I wanna try to let you in my heart.
I wanna cry
I wanna cry, 'cause I don't know where to start.
I wanna fly
I wanna fly with you without guard.

Pre-Chorus 1:
But everytime
I get closer to you
everytime
I pull the plug.

Refrain:
How can I repair myself?
How can I regain myself
to find my
true love?
True love is what I deserve.
How can I remain myself?
How can I sustain myself
to find my
true love?
True love is what I deserve.

Strophe 2:
I wonder why
I wonder why I can't let you in my heart.
I won't walk by
I won't walk by without trying a new start.
You're my guy
You're my guy and you're my life-guard.

Im Innern meiner Seele

Pre-Chorus 2:
But everytime
You get closer to me
everytime
I pull the plug.

Refrain 2x

Strophe 3:
You think you know
You think you know a way to my heart.
You think I grow
You think I grow, ' cause I am that smart.
You think I show
You think I show you the way without guard.

Pre-Chorus 2

Refrain

Outro:
How can I repair myself?
True love is what I deserve.
How can I remain myself?
True love is what I deserve.
But everytime
I get closer to you
everytime
I pull the plug.

We should resign

Strophe 1:
I'm standing in a field
surrounded by strangers,
fighting for a goal,
we will never achieve.

I could really use a shield
to blind out all the drama,
that we cause with our weapons,
because of our believe.

Pre-Chorus:
Is it really necessary to fight this war?
Do we really know, what we are fighting for?

Refrain:
We should resign and live our lifes in peace.
The front line won't give us release.
We can decline and step out of this madness.
Let us assign to light and stop the darkness.

What do we have to lose?
Can't we find another way?
We have the power to choose,
so why do we stay?
We should resign.

Strophe 2:
I'm standing here alone,
with a gun in my hand,
waiting for the enemy,
ready to attack.

I'm sick of this war zone,
in this pointless misery,
always the chance to die,
afraid of looking back.

Pre-Chorus

Refrain

Bridge:
Everything's negotiable,
friendly approachable,
but war is uncontrollable!

Refrain:
We should resign and live our lifes in peace.
The front line won't give us release.
We can decline and step out of this madness.
Let us assign to light and stop the darkness.

What do we have to lose?
Can't we find another way?
We have the power to choose,
so why do we stay?
We should resign.

Outro=Pre-Chorus

Im Innern meiner Seele

Your fear is right

Strophe 1:
It's hard for me to have a secret.
But I would regret telling you what I really am.
If you would see my little secret,
you would try to forget that you even know my name.

Refrain:
I am your beast,
your biggest nightmare.
A monster at least,
but still I care,
'cause you are my friend.
I stay by your side
until the end,
your fear will always be right.

Strophe 2:
It's hard to keep a terrible secret.
But I'm not a threat, I can't tell you what I am.
If you believe, you know my secret,
please make sure that you're okay with it.

Refrain

Bridge:
Everytime I see you
I want to share my secret with you,
but it's not fair.
I'm not allowed to tell you,
what I'm hiding inside.

Refrain:
I am your beast,
your biggest nightmare.
A monster at least,
but still I care,
'cause you are my friend.
I stay by your side
until the end,
your fear will always be right.

Coda:
I am your beast
but still I care.
I am your beast
and I'm your friend.
I am your beast,
your fear is right.

Strophe 3:
It's hard to feel so isolated,
I really hate it to hide something from you.
If you like me stop asking about the secret.
Please forget it, 'cause I will still be the same.

Bound to you

Strophe 1:
The moment you laid eyes on me,
I felt hypnotized.
The first moment you talked to me,
I felt mesmerized.
The last moment you touched me,
I felt paralyzed.

Refrain:
You were my world, my heart,
my everything.
I worshipped your ground,
I loved your sound,
I was bound – to you.

You were my love, my friend,
my everything.
You left without sound,
now I'm lying on the ground,
I'm still bound – to you.

Strophe 2:
The moment I got close to you,
I felt hypnotized.
The first moment I hold you,
I felt mesmerized.
In the moment I lost you,
I felt paralyzed.

Refrain

Bridge:
I still feel your first kiss.
I can't tell you, how much I miss
your sweet smile,
your great hair,
your body.
I still feel the first pain.
It's so hard, that I will never see you again.

Refrain:
You were my world, my heart,
my everything.
I worshipped your ground,
I loved your sound,
I was bound – to you.

You were my love, my friend,
my everything.
You left without sound,
now I'm lying on the ground,
I'm still bound – to you.

Outro:
I worshipped your ground,
my everything.
You left without sound,
my everything.
I'm bound – to you.

Choose

Strophe 1:
Last night
I dreamt
I was flirting with you.
We sat
on my couch
and your eyes starred at me.

Strophe 2:
Last night
I meant
that you flirted back at me.
Your lips
felt so good
I closed my eyes for you.

Pre-Chorus:
And now I am awake
and don't know what to do.
Was it just a mistake
or do I really want you?

Refrain:
My mind is in a war
and my heart's about to lose.
What are they fighting for?
Why cannot someone choose?
Oh wait,
that someone should be me,
'cause it's about my own true destiny.

Strophe 3:
Last night
I yelled
your name desperately.
The earch
for your touch
felt more real than the night before.

Pre-Chorus:
And now I am awake
and don't know what to do.
Was it just a mistake
or do I really want you?

Refrain 2x:
My mind is in a war
and my heart's about to lose.
What are they fighting for?
Why cannot someone choose?
Oh wait,
that someone should be me,
'cause it's about my own true destiny.

Outro:
My heart is in a war
and my mind's about to win.
What are they fighting for?
Is it so hard to just give in?
Oh wait,
it's you I fight for instantly,
'cause you are my own true destiny.

Im Innern meiner Seele

I am cursed

Strophe 1:
I am cursed to be alone,
although you're always by my side.
Your heart is cold as stone,
while my love rises to the tide.

I want to tell you how I feel,
but you wouldn't believe me anyway.
My love for you is real
and it hurts me every day.

Refrain:
Your love is gone – forever.
We did all we could
for the greater good.
There was no other way
our love couldn't stay.
And now it's lost – forever.

Strophe 2:
My curse is to know
you loved me, too.
I'm not allowed to show
what I'm going through.

You are there as my friend,
but I can't take it anymore.
I know our love had to end,
but I'm shaking to the core.

Refrain

Bridge:
What am I supposed to do?
I cannot forget my love for you?
I won't be able to find someone new
after what I've been going through!

Refrain 2x:
Your love is gone – forever.
We did all we could
for the greater good.
There was no other way
our love couldn't stay.
And now it's lost – forever.

Outro:
I am cursed
to love you – forever.
I am cursed
to know you did, too.
And now our love
is lost – forever.

I forgot to tell you that I love you

Strophe 1:
I will remember
your eyes and your smile.
I've still believed in
your love for a while.

Bridge 1:
How can I forget?
How can I explain?
How can I regret?
How can I complain?

Strophe 2:
It was december
and you saw me first.
You came straight to me
and removed my curse.

Bridge 2:
What did I expect?
What did I feel?
How could I reject,
what was so real?

Refrain:
I forgot to tell you that I love you
and let you slip away.
I forgot to tell you that I lied
when you asked me
if you should stay.
Why couldn't I tell you that I love you?
Now you're gone and I regret it
every day!

Strophe 3:
Now, it's november
and I'm missing you.
But you won't come back
although you loved me, too.

Refrain:
I forgot to tell you that I love you
and let you slip away.
I forgot to tell you that I lied
when you asked me
if you should stay.
Why couldn't I tell you that I love you?
Now you're gone and I regret it
every day!

I need your embrace

Strophe 1:
I'm sitting here
in a room of emptyness.
The dark atmosphere
is enjoying my lonelyness.

How can I face my fear?
Why is my life a mess?
Why can't you be here
with me?

Refrain:
I miss your face,
do you miss me, too?
I need your grace,
do you feel it, too?
Don't forget your place,
it's for me and you.
I need your embrace
and I need you.

Strophe 2:
I'm staying here
on the edge of sadness.
I can almost hear
the beginning of madness.

I'm not a musketeer.
No need to confess,
that I'm afraid you
could dissapear.

Im Innern meiner Seele

Refrain:
I miss your face,
do you miss me, too?
I need your grace,
do you feel it, too?
Don't forget your place,
it's for me and you.
I need your embrace
and I need you.

Bridge:
How can I tell you what I feel?
Every word you hear, is real.
Your lost would be a big deal.
Perhaps my heart would never heal!

Refrain:
I miss your face,
do you miss me, too?
I need your grace,
do you feel it, too?
Don't forget your place,
it's for me and you.
I need your embrace
and I need you.

Outro:
Do you miss me, too?
Do you feel it, too?
I need your embrace
and I need you.

Misery

Strophe 1:
I feel helpless when I hear your stories.
I am breathless by your lonelyness.
What a nightmare you live in every day.
It's so unfair, no one seems to care.

Pre-Chorus:
I can't believe how you go on dreaming
that someday it'll be over.
It's a relieve that you go on dreaming
'cause someday it'll be over.

Refrain:
Misery,
you're living in misery
and you're crying so bitterly
when the shadows appear.
Misery,
you're living in shivery,
no one knows your true history
that you're living in fear.
In the darkness you surrender
and let the evil inside.
It's not harmless what you confide.

Strophe 2:
I am restless, 'cause I just can't help you.
I am armless, can't help with your mess.
What a despair you live in every day.
You want to glare, 'cause you need fresh air.

Pre-Chorus:
I can't believe how you go on dreaming
that someday it'll be over.
It's a relieve that you go on dreaming
'cause someday it'll be over.

Refrain

Bridge:
You're hurt so much,
you can't even stand a simple touch.
You're hurt so deep,
it's hunting you in your sleep.
You're hurt in fear,
robbed of every single tear.

Refrain

Outro:
In the darkness you surrender, 'cause you can't see the light.
But don't forget, in my heart you're shining bright.

Rage

Prelude:
All I feel is rage now!
Rage is all I've got.

Strophe 1:
I don't know where it started.
It appeared out of itself.
Since then it is just growing.
I don't know where this could end.

Bridge:
I'm living in black and white,
no ending is come to sight.
I am about to give in.

Refrain:
All I feel is rage now!
The anger is beating me up.
All I want is rage now!
I don't know how to stop.
I'm furious all the time.
Its serious, I have no control.

Prelude:
All I feel is rage now!
Rage is all I've got.

Strophe 2:
There is pain in every corner.
I'm reaching for myself.
Again I feel it growing.
I just hope that this will end.

Bridge:
I'm living in black and white,
no ending is come to sight.
I am about to give in.

Refrain 2x:
All I feel is rage now!
The anger is beating me up.
All I want is rage now!
I don't know how to stop.
I'm furious all the time.
Its serious, I have no control.

Prelude 3x:
All I feel is rage now!
Rage is all I've got.

When I'm gone

Strophe 1:
My heart is bleeding and it will not heal.
You just don't care how I feel.

If you're succeeding, it will be over tonight.
Although it's not fair, I will go into the light.

Refrain:
When I'm gone
you will realize
that I won,
I don't comprimise.
When I'm gone,
all your lies
will turn against you.
When I've won,
we are finally through.

Strophe 2:
My spirit's broken and it will not heal.
I am aware of what is real.

All what's unspoken won't matter anymore.
I know its not fair, but I don't know what I'm waiting for.

Refrain

Bridge:
I can't believe
you are willig to take your son's mother away.
I can't believe
you are willing to make that sacrifice.
I can't believe
you are willing to break your son's heart today.

Refrain:
When I'm gone
you will realize
that I won,
I don't comprimise.
When I'm gone,
all your lies
will turn against you.
When I've won,
we are finally through.

Outro:
My soul is ready to move on.
A single daddy is what you are
when I'm gone.

You could be the one

Strophe 1:
You could be the one I've ever wanted.
You could be Mr. Right.
But you are acting like you're haunted,
unable to see the light.

You should see the fact I've already know.
You should be my Mr. Right.
But you are telling your eyes not to glow,
unable to feel delight.

Bridge 1:
How can I help you finding your way?
What can I do to make you stay?

Refrain 1:
You could be the one I always dreamed of.
You could be the one, I could love with all my heart.
You could be the one I've ever wanted.
You should be the one, you deserve all the love of my heart.

Strophe 2:
You told me of the one you wanna find,
told me about your Mr. Right.
You formed a picture in my mind,
of a better me in the night.

You told me of someone who's already there.
I am your Mr. Right.
But for some reason you are not aware
that I am your white knight.

Im Innern meiner Seele

Bridge 2:
How can I show you the way to me?
What can you do to see our destiny?

Refrain 2:
I could be the one you've always dreamed of.
I could be the one you could love with all your heart.
I could be the one you've ever wanted.
I should be the one and deserve all the love of your heart.

Refrain 1:
You could be the one I always dreamed of.
You could be the one, I could love with all my heart.
You could be the one I've ever wanted.
You should be the one, you deserve all the love of my heart.

Bridge 1:
How can I help you finding your way?
What can I do to make you stay?

I know

Strophe 1:
It's so hard for me not to think about you.
It's so hard for me to resist.
It's a start to see that you don't care about me.
I'm too smart to get on your list.

Pre-Chorus 1:
But in your eyes there is something more.
In disguise there is something you adore.

Refrain:
I know you like me,
even if you're afraid to tell.
I know you fight me,
even if you think that I dwell.
I know you want me,
even if you're afraid to tell.
I know you like me,
'cause I like you as well.

Strophe 2:
It's so hard to be relaxed around you.
It's so hard 'cause you're all I miss.
There's a part of me who wants you to see
that I know the art of a perfekt kiss.

Pre-Chorus 2:
But in your eyes I see something more.
Therein lies everything I adore.

Refrain:
I know you like me,
even if you're afraid to tell.
I know you fight me,
even if you think that I dwell.
I know you want me,
even if you're afraid to tell.
I know you like me,
'cause I like you as well.

Bridge:
You can act like Captain Cold,
I know what's happening to us.
You can act like Mister Bold,
there is no reason to discuss.

Refrain

Outro:
I know you like me,
even if you act like Captain Cold.
I know you like me,
there's no reason to put your feelings on hold,
'cause I like you as well.

Not bad

Strophe 1:
Torn apart,
no connivance.
Band new start
in abeyance.

Forget the past
with no compunction.
Free at last
is the assumption.

Bridge:
Be aloof from pain,
atone for your atrocity.
You will have a life again,
get an new philosophy!

Refrain:
You are not bad,
more like a crude diamond.
Don't be so sad,
I could be your friend.
You have to concede,
it was a mistake.
Get up your feet
and give yourself a break.

Strophe 2:
Life is hard,
a second chance.
Move a yard,
behind the fence.

Bury the past,
go for a blow.
No outcast
can take it slow.

Refrain:
You are not bad,
more like a crude diamond.
Don't be so sad,
I could be your friend.
You have to concede,
it was a mistake.
Get up your feet
and give yourself a break.

Bridge:
Be aloof from pain,
atone for your atrocity.
You will have a life again,
get an new philosophy!

Outro:
Don't be so sad,
give yourself a break.
You are not bad,
it was just a mistake.

Rainbow in the sky

Strophe 1:
I know
how you must feel,
afraid of letting go.
You know,
his love is real
and you don't want him to go.

Pre-Chorus:
You have to leave your past behind,
'cause the pain will go away.
Real love is hard to find,
you are his light when everything's grey.

Refrain:
You are the rainbow in the sky,
you are hiding a heart of gold.
All your colours are shining bright
and your light isn't even unfold.
You are the rainbow in the sky,
torn between the sun and the rain.
There is no reason for you to fight,
'cause he will kiss away your pain.

Strophe 2:
Just show
him how you feel,
no need for you to moan.
You glow,
'cause you can heal.
It's time to leave your comfort zone.

Pre-Chorus:
You have to leave your past behind,
'cause the pain will go away.
Real love is hard to find,
you are his light when everything's grey.

Refrain

Bridge:
There is no time to hesitate,
you have to open your heart gate,
before it is too late!

Refrain 2x:
You are the rainbow in the sky,
you are hiding a heart of gold.
All your colours are shining bright
and your light isn't even unfold.
You are the rainbow in the sky,
torn between the sun and the rain.
There is no reason for you to fight,
'cause he will kiss away your pain.

Outro:
Afraid of letting go,
but you don't want him to go.
It is time to grow,
'cause I know you love him so much.

Without saying Good-bye

Strophe 1:
While everybody's sleeping, I am still awake.
While everybody's dreaming, I am still afraid.
Afraid of all these nightmares, hiding in the night.
They are all ending the same way and that
ending can't be right.

Refrain:
You're leaving
without saying Good-bye.
You're leaving
and I can only cry,
'cause I couldn't say to you
how I really felt for you
and now you're leaving
without even saying Good-bye.

Strophe 2:
While everybody's lauphing, I am still in pain.
While everybody's smiling, I could cry again.
Again I will be alone, hiding all the way.
I wish that I could be much braver, perhaps
then you would stay.

Refrain:
You're leaving
without saying Good-bye.
You're leaving
and I can only cry,
'cause I couldn't say to you
how I really felt for you
and now you're leaving
without even saying Good-bye.

Bridge:
I'm wondering who's with you at night
and why that one can't be me.
I'm wondering who's your Mr. Right
and why that one can't be me.

Refrain 2x:
You're leaving
without saying Good-bye.
You're leaving
and I can only cry,
'cause I couldn't say to you
how I really felt for you
and now you're leaving
without even saying Good-bye.

Im Innern meiner Seele

How could you?

Strophe 1:
I should hate you,
'cause you caused me so much pain.
But I can't do that,
'cause I will never see you again.
I still hope,
there will be peace in my brain.
Help me to stop the dark and nasty rain.

Refrain 1:
How could you leave me?
How could you leave me here?
How could you?

Our love was destructive,
impulsive and the best thing in my life.
Your touch was seductive,
addictive and the best thing in my life.

Your eyes looked right into me,
I was in love with your humanity.
How could you leave me here alone?
How could you?

Strophe 2:
I should hate you,
'cause you threw our love away.
But I can't do that,
'cause I miss you every day.
I still hope,
there will be a plain where you're okay.
Help me to pretend that it's okay to stay.

Refrain 1

Bridge:
No one thought our love could last.
No one got, you were the best
that has happened to me!

Refrain 2:
How could you leave me here?
How could you?

Our love was epic,
pathetic and the best thing of our life.
Our love was poetic,
frenetic and the best thing of our life.

Although the universe thought differently,
you were my destiny.

Refrain 1:
How could you leave me?
How could you leave me here?
How could you?

Our love was destructive,
impulsive and the best thing in my life.
Your touch was seductive,
addictive and the best thing in my life.

Your eyes looked right into me,
I was in love with your humanity.
How could you leave me here alone?
How could you?

Much stronger than

Strophe 1:
You have so many feelings,
your heart's about to burst.
You have tried to describe them,
but you were afraid at first.

Strophe 2:
With the method of writing
you can get right through
your feelings and emotions,
then it will get to you:

Refrain:
You are so much stronger
than you think.
You are pure light,
you'll never sink.
Crawling out of the darkest holes,
relying on all the golden goals
you had in life,
so don't lose your drive.

Strophe 3:
You don't wanna show too much,
'cause no one should hurt you.
But don't forget your heart
and what you have been through.

Refrain

Bridge:
You are much stronger
than the rest,
you will pass every test.

Refrain 2x:
You are so much stronger
than you think.
You are pure light,
you'll never sink.
Crawling out of the darkest holes,
relying on all the golden goals
you had in life,
so don't lose your drive.

Outro:
You have so many feelings
and no one should hurt you.
But don't forget you heart,
then it will get to you.

Right now

Strophe 1:
I struggle with my feelings
and it's hard for me to hide
that I can't handle this lovely plain.

Strophe 2:
I struggle with my heart,
'cause my head just can't decide,
whom of both men should be the main.

Pre-Chorus:
What will happen in the end
is not yet written in the stars,
but I hope that I'm not meant
to leave the scene with lots of scars.

Refrain:
I don't wanna hurt you guys
and I don't wanna start with lies,
but I have to make this choice right now.
I don't wanna hear your cries,
'cause there's no way to make this nice,
but I have to make this choice right now.

Strophe 3:
I struggle with my mind
and I'm about to lose my pride,
'cause I'm afraid to be too vain.

Pre-Chorus:
What will happen in the end
is not yet written in the stars,
but I hope that I'm not meant
to leave the scene with lots of scars.

Refrain

Bridge:
No one can decide for me,
I just have to choose alone.
Nothing's for eternity,
I don't have to write in stone.
How can I know now what will be?
Our future is still unknown!

Refrain 2x:
I don't wanna hurt you guys
and I don't wanna start with lies,
but I have to make this choice right now.
I don't wanna hear your cries,
'cause there's no way to make this nice,
but I have to make this choice right now.

Outro = Strophe 1:
I struggle with my feelings
and it's hard for me to hide
that I can't handle this lovely plain.

You blew it

Strophe 1:
There is no way
that I can go on like this.
It's not okay
that you're still aiming for a kiss.
It's hard for me
to even look you in the eyes.
Why can't you see
that I can't excuse your lies.

Bridge:
Oh no,
there's no way.
Oh no,
it's not okay.
Oh no,
I won't stay.

Refrain:
I leave you
once and for all.
I leave you,
no need for me to stall.
Yes, it's true,
you're not allowed to call.
Yes, it's true,
I go and I won't crall.
You blew it!

Strophe 2:
There was a way
to make it up to me.
I would stay,
if there would be a future to see.
It's hard to trust
someone who doesn't care.
Why is your lust
for others? That's not fair!

Bridge:
Oh no,
there's no way.
Oh no,
it's not okay.
Oh no,
I won't stay.

Refrain 2x:
I leave you
once and for all.
I leave you,
no need for me to stall.
Yes, it's true,
you're not allowed to call.
Yes, it's true,
I go and I won't crall.
You blew it!

Outro:
I have to leave once and for all.
I have to leave and I won't crall.
You blew it!

The end

Strophe 1:
I'm standing on the edge,
about to end it all.
I can see the ground
and I'm ready to fall.

I can't see another way.
I can't fight another day.

Refrain:
The end is near
and I am not afraid.
I lost my fear,
I am ready to fade.

I'm standing here,
it must come to an end.
It's over, dear,
I can stop to pretend.

Strophe 2:
I'm flying through the air,
for the first time I feel free.
Without the need to care,
I am where I wanna be.

I'm getting closer to the ground,
there's no way I'll come around.

Refrain

Bridge:
I'm sorry that
I have to choose this way.
I'm sorry that
I cannot stay!

Refrain:
The end is near
and I am not afraid.
I lost my fear,
I am ready to fade.

I'm standing here,
it must come to an end.
It's over, dear,
I can stop to pretend.

Outro:
I'm lying here
and my bones are crushed.
It's over, dear,
the end is here.

Vorschau auf das nächste Lyrik-Projekt:

Von dunkel zu hell
Aufrüttelnde Gedichte

Sand

Unerkannt bis unsichtbar,
für selbstverständlich erklärt,
rinnt uns der Sand durch die Finger.
Wüstensand,
Meeressand,
Industriesand,
befindet sich im Fundament
und in der Wand.
Er hält zusammen
oder lässt uns einsinken,
wir können im Treibsand glatt ertrinken,
doch es ist kein unerschöpfliches Gut.
Worauf die Urlauber liegen,
das wollen Bauunternehmen kriegen.
Denn der Sand ist heiße Ware,
nicht nur für Glas,
nein, er bedeutet Macht,
Geld und Korruption.
Mit Kindern eine Sandburg bauen,
wo andere ihn zum Bauen klauen,
da bleibt nichts übrig.

Krater des Mondes, wo früher Sandstrand war,
Luxuswolkenkratzer sind vielleicht wunderbar,
aber sinnvoll und benötigt?
Aus dem eigenen Land vertrieben,
weil kein Sand mehr übrig geblieben,
auch keins mehr für neue Fundamente,
da fehlen mir glatt die Argumente,
um darüber weiterzuschreiben,
wo sich andere die Finger reiben
und das Geld in Massen fließt,
nur nicht dorthin, wo es fehlt
und das auch noch gänzlich unverhohlen
unter unser aller Augen.
Solange uns darin kein Sand weht,
ist doch alles gut,
oder?

Danksagung:

Ich bedanke mich bei allen Beteiligten, die mich immer wieder ermutigen, neue Texte zu schreiben und mir mit Rat und Tipps zur Seite stehen.
Hier stehen natürlich Sarah M. und Biggi A. in Vordergrund.
Ich danke auch all den Mr. Rights und Mr Wrongs, die mir im Laufe der Zeit begegnet sind – ohne Euch gebe es diese Lieder nicht.
  Großen Dank spreche ich meiner Familie aus die mir den Rücken stärken und als Ansprechpartner immer für mich da sind.

Torsten Ideus